Orações
com papa Francisco

ORAÇÕES
COM PAPA FRANCISCO

**PRECES PARA
TODAS AS OCASIÕES**

Organização
Anna Maria Foli

Copyright © 2019 by Libreria Editrice Vaticana

Copyright © 2019 by Mondadori Libri S.p.A., Milão

Este livro foi negociado via Ute Körner Literary Agent — www.uklitag.com

O selo Fontanar foi licenciado pela Editora Schwarcz S.A.

Grafia atualizada segundo o Acordo Ortográfico da Língua Portuguesa de 1990,
que entrou em vigor no Brasil em 2009.

TÍTULO ORIGINAL Preghiera: Respirare la vita ogni giorno

TRADUÇÃO DE TRECHOS Amabile Zavattini

CAPA Claudia Espínola de Carvalho

ILUSTRAÇÕES DE MIOLO Artista desconhecido com a assinatura
F.M.S./ Renata Sedmakova/ Shutterstock

PREPARAÇÃO Fernanda Belo

REVISÃO Renata Lopes Del Nero e Isabel Cury

Dados Internacionais de Catalogação na Publicação (CIP)
(Câmara Brasileira do Livro, SP, Brasil)

Francisco, Papa, 1936-
   Orações com papa Francisco : preces para todas as ocasiões /
Papa Francisco ; [organização Anna Maria Foli]. — 1ª ed. — São Paulo :
Fontanar, 2020.

   Título original: Preghiera: Respirare la vita ogni giorno.
   ISBN 978-85-8439-164-6

   1. Catolicismo 2. Devoções diárias 3. Francisco, Papa, 1936- –
Mensagens 4. Orações 5. Vida cristã I. Zavattini, Amabile. II. Título.

20-34423   CDD-242.2

Índice para catálogo sistemático:
1. Meditações diárias : Cristianismo 242.2

Maria Alice Ferreira – Bibliotecária – CRB-8/7964

[2020]
Todos os direitos desta edição reservados à
EDITORA SCHWARCZ S.A.
Rua Bandeira Paulista, 702, cj. 32
04532-002 — São Paulo — SP
Telefone: (11) 3707-3500
facebook.com/Fontanar.br

SUMÁRIO

O QUE É A ORAÇÃO?

Uma vitória sobre a solidão 14
Uma arma potente 15
Um diálogo com Deus 17
Não é uma fórmula mágica 18
Oração e memória 19
Adentrar o mistério 20
Luta e abandono 21
Força e fraqueza 22

REZAR: POR QUEM?

Pelos inimigos 26
Pelos políticos 27
Por Sodoma e Gomorra 28
Pelos bispos e pelo papa 30
Por quem está no poder 31
Pelos que nos fazem sofrer 32
Pelos governantes 34
Por mim, por nós 35

REZAR: POR QUÊ?

Para pedir um milagre 38
Para fugir da tentação 39
Para suportar o sofrimento 40
Para pedir misericórdia 42
Para permanecer fiel 43
Para conhecer Deus 44
Para ser como Jesus 45
Para transformar a nós mesmos 46

REZAR: COMO?

Com coragem 50
Com zelo e humor 51
Com alegria e exultação 52
Com um olhar para os irmãos 54
Festivamente ou em silêncio 55
Com adoração 56
Com fé intensa 57
Com paciência, criatividade e audácia 59
Com simplicidade e insistência 61
Com intromissão 62

Como crianças teimosas   64
Como reza Jesus   65
Trazendo argumentos   66
Com fé   68
Com o olhar voltado para cima   69

AS ORAÇÕES DO PAPA FRANCISCO

Rezai por mim   72
Na tentação   73
Como crianças   74
Escapar do pecado   75
Um grito na direção do céu   76
Vergonha, penitência e esperança   78
Igreja extrovertida   83
O nome do Deus vivo   84
Cristo negro   86
Para os jovens   87
A misericórdia do Pai   88
Discípulos e missionários   90
O essencial   91
Oração pela água   92
Auschwitz   93
Um novo Pentecostes   94
Nenhum excluído   95

Homens e mulheres de oração 96

Fidelidade às promessas 97

Sal e luz da terra 98

Filho pródigo 99

Para a igreja e o mundo 100

Pão partilhado 101

Pais e filhos 102

Para Madre Teresa 103

Livra-nos, Senhor 104

Para Belém 105

Diante de Jesus Menino 106

Indiferença 107

Como um bom samaritano 108

Um passo adiante 109

Para as vítimas de abuso 110

Ato penitenciário 112

Uma verdadeira conversão 114

Sabedoria 115

Para o mundo atual 116

Perto de nós 118

Ajuda para os outros 119

Irmãos e irmãs 120

A tentação da autonomia 121

Mãe de esperança 122

Escuta e espera 123

Pela paz 124

Verdadeiros cristãos 125

Chamas de esperança 126

Vida cotidiana 127

A salvação de Jesus 128

Pequenez e imensidão 129

O primeiro passo 130

O dono da paz 131

Como os Magos 132

Amados de Deus 133

Cada nova vida 134

Cidade Eterna 135

Sempre fiel 138

Natal extrovertido 139

Capazes de perdoar 140

Na doença 141

Vamos para Belém 142

Preparar-se para o Natal 143

Deixar tudo 144

A sacralidade da família 145

São Patrício 146

Para as famílias 147

Propósitos do bem 148

Mãe do Céu 149

Mistério 150

Pela mão de Maria 151

A oração dos cinco dedos 152

O espanto pelo Menino 153

Nossa Senhora de Bonária 154

Pelas vítimas do terrorismo 156

Coração simples 159

O encontro com Jesus 160

Estrela do mar 161

O mal do consumismo 163

Para todos os sacerdotes 164

Futuro 165

Incredulidade e alegria 166

Pelo meu inimigo 167

O nosso sim 168

Encontro com Maria 169

Paz no mundo 171

Chega de guerras! 172

Santa Família de Nazaré 174

Para Nossa Senhora de Fátima 175

Oração pelo trabalho 177

Luz da fé 178

Mulher que escuta 179

Pela nossa terra 180

Perdão sem fim 182

Fecundidade 183

Sobriedade 184

Ao Menino de Belém 185

A força dos sonhos 186

Seja louvado 187

AS ORAÇÕES MAIS AMADAS DO PAPA FRANCISCO

Anima Christi   192
Oração de santa Faustina   193
São Miguel Arcanjo   194
Invocação natalina do padre Matta El Meskin   195
Oração do bom humor de Thomas More   197
São Francisco   198
Maria que desamarra os nós   199
Invocação de dom Tonino Bello   201
Novena das rosas   202

O QUE É
A ORAÇÃO?

A oração é o respiro da alma: é importante encontrar momentos ao longo do dia para abrir o coração a Deus.

UMA VITÓRIA SOBRE A SOLIDÃO

ezar é desde o início a vitória sobre a solidão e o desespero. É como ver cada fragmento de criação que fervilha no torpor de uma história da qual, por vezes, não entendemos o porquê. Mas está em movimento, está a caminho, e o que há no fim do nosso caminho? No final da oração, no final de um tempo em que estamos a rezar, no final da vida: o que há? Há um Pai, que espera tudo e todos de braços abertos. Olhemos para esse Pai!

UMA ARMA POTENTE

A oração não é uma boa prática para dar um pouco de paz ao coração, nem um meio devoto para obter de Deus o que nos serve. Se fosse assim, seria movida por um egoísmo sutil: rezo para estar bem, como se tomasse uma aspirina. Não é assim.

A oração é outra coisa. A oração é uma obra de misericórdia espiritual, que deseja levar tudo ao coração de Deus. É dizer: "Trata Tu, que és Pai". A oração é dizer: "Trata Tu, que és Pai. Protege-nos Tu, que és Pai". Essa é a relação com o Pai. A oração é um dom de fé e amor, uma intercessão da qual necessitamos tanto quanto do pão. Numa palavra, significa *entregar*: entregar a Igreja, as pessoas e as situações ao Pai — "entrego-Te isto" — para que Ele cuide.

Por isso, a oração, como padre Pio gostava de afirmar, é "a melhor arma que temos, uma chave que abre o coração de Deus". Uma chave que abre o coração de Deus é uma chave fácil. O coração de Deus não é "blindado" com tantos meios de segurança. Vós podeis abri-lo com uma chave comum, com a oração. Porque há um coração de amor, um coração de Pai. É a maior força da Igreja, que nunca devemos deixar, pois a Igreja trará frutos, se fizer como Nossa Senhora e os apóstolos, que eram "perseverantes e concordes na oração" (cf. At 1,14) enquanto esperavam o Espírito Santo. Perseverantes e concordes na oração. Caso contrário, corremos o risco de nos apoiarmos em outras coisas: nos meios, no dinheiro, no poder; depois a evangelização desaparece, a alegria diminui e o coração fica entediado.

Encorajo-vos a fim de que os grupos de oração sejam "centrais de misericórdia": sempre abertos e ativos, que com o poder humilde da oração ofereçam a luz de Deus ao mundo e a energia do amor à Igreja.

Padre Pio, que se definia somente "um pobre frade que reza", escreveu que a oração é "o apostolado mais elevado que uma alma pode exercer na Igreja de Deus" (Epistolário II,70).

UM DIÁLOGO COM DEUS

oração necessita de tempo. Na realidade, rezar é também "negociar" com Deus para obter o que se pede ao Senhor, mas acima de tudo para conhecê-Lo melhor. Fazemos uma oração como de um amigo para outro.

Quanto ao resto, a Bíblia diz que Moisés fala com o Senhor de frente, como a um amigo. E assim deve ser a oração: livre, insistente, argumentativa. Até mesmo "repreendendo" um pouco o Senhor: "Mas você me prometeu isso e não o fez!". É como conversar com um amigo: abrir o coração a essa oração.

NÃO É UMA
FÓRMULA MÁGICA

ara rezar não é preciso fazer ruídos nem acreditar ser melhor gastar muitas palavras. Não se deve confiar nos ruídos da mundanidade individualizada em Jesus, no soar das trombetas ou no que se vê no dia do jejum. Para rezar não precisamos do ruído da vaidade: Jesus disse que esse é um comportamento próprio dos pagãos.

A oração não é considerada uma fórmula mágica: não se faz magia com a oração. Nos encontros com feiticeiros, tantas palavras são gastas para ora obter a cura, ora qualquer outra coisa com o auxílio da magia. Mas isso é pagão.

Como devemos rezar, então? Jesus foi quem nos ensinou: diz que o Pai que está no céu sabe do que precisamos, antes mesmo de nos concedê-lo. Assim, a primeira palavra deve ser "Pai". Essa é a chave da oração. Sem dizer, sem ouvir essa palavra, não se pode rezar.

A quem rezo? Ao Deus Onipotente? Está longe demais. Eu não O escuto, nem mesmo Jesus O escutava. A quem rezo? Ao Deus cósmico? Algo bastante comum atualmente, não? Essa modalidade politeísta chega com uma cultura superficial.

É preciso, em vez disso, rezar ao Pai, aquele que nos gerou. E não apenas isso: é preciso rezar ao "nosso" Pai, ou seja, não um Pai "nosso" genérico e excessivamente anônimo, mas aquele que nos gerou, que nos deu a vida, a você, a mim, como pessoa singular.

É o Pai que nos acompanha em nosso caminho, aquele que conhece toda a nossa vida, toda; aquele que sabe o que é bom e o que não é. Conhece tudo. No entanto, não basta isso: se não começarmos a oração com essa palavra, não dita com a boca, mas com o coração, não podemos rezar como cristãos.

ORAÇÃO E MEMÓRIA

 oração, precisamente porque se alimenta do dom de Deus que se derrama na nossa vida, deve ser sempre rica de memória. A memória das obras de Deus está na base da experiência da aliança entre Deus e o Seu povo. Se Deus quis entrar na história, a oração é tecida de recordações; não só da recordação da Palavra revelada, mas também da própria vida, da vida dos outros, do que o Senhor fez na Sua Igreja.

ADENTRAR O MISTÉRIO

esmo se rezamos há muitos anos, devemos aprender sempre! A oração do homem, esse anseio que nasce de maneira tão natural da nossa alma, talvez seja um dos mistérios mais impenetráveis do universo. E não sabemos sequer se as preces que dirigimos a Deus são efetivamente aquelas que Ele quer que Lhe dirijamos. A Bíblia nos dá, inclusive, testemunho de orações inoportunas, que no fim são recusadas por Deus: basta lembrar da parábola do fariseu e do publicano. Somente este último, o publicano, volta justificado do templo para casa, porque o fariseu era orgulhoso e gostava que as pessoas o vissem rezar e fingia orar; o coração era frio. E Jesus disse: este não é justificado "pois todo o que se exalta será humilhado e quem se humilha será exaltado" (Lc 18,14).

O primeiro passo para rezar é ser humilde, ir ter com o Pai e dizer: "Olha para mim, sou pecador, débil, malvado", cada um sabe o que dizer. Mas começa-se sempre com a humildade, e o Senhor ouve. A prece humilde é ouvida pelo Senhor.

LUTA E ABANDONO

ezar não é refugiar-se num mundo ideal, não é evadir-se numa falsa tranquilidade egoísta. Pelo contrário, rezar é lutar e deixar que o próprio Espírito Santo reze em nós. É o Espírito Santo que nos ensina a rezar, nos guia na oração e nos faz orar como filhos. Os santos são homens e mulheres que se entranham profundamente no mistério da oração. Homens e mulheres que lutam com a oração, deixando rezar e lutar neles o Espírito Santo; lutam até o fim, com todas as suas forças, e vencem, mas não sozinhos: o Senhor vence neles e com eles.

FORÇA E FRAQUEZA

Qual é a força do homem? É a mesma que testemunhou a viúva, mencionada no Evangelho, a que bate à porta do juiz continuamente. Bater, pedir, lamentar-se de tantos problemas, tantas dores, e pedir ao Senhor pela libertação dessas dores, desses pecados, desses problemas. Essa é a força de um homem, a oração, também a oração de um homem humilde, porque se há em Deus uma fraqueza, ela se manifesta propriamente nos confrontos das orações do Seu povo. O Senhor é fraco apenas nisso.

Deus possui uma força, quando deseja, que muda a todos. Ele é capaz de modelar tudo novamente; mas tem também uma fraqueza, a nossa oração, a Sua oração universal, próxima ao papa em São Pedro.

REZAR:
POR QUEM?

....

Rezai também por mim!
Mas sempre!
Rezai a favor, não contra!

PELOS INIMIGOS

esus nos pede que amemos os inimigos. Como fazê-lo? Jesus nos disse: rezem, rezem pelos seus inimigos. A oração faz milagres e, portanto, tem valor não apenas quando estamos na presença de inimigos, mas também quando nutrimos qualquer antipatia, qualquer pequena inimizade. Por isso, é preciso rezar, porque é como se o Senhor viesse com o óleo e preparasse o nosso coração para a paz.

Agora quero lhes fazer uma pergunta, à qual podem responder em seu coração: "Eu rezo pelos meus inimigos? Eu rezo pelos que não me querem bem?".

Se responderam que sim, eu lhes digo: "Continuem, rezem mais, porque essa é uma boa estrada". Se a resposta é não, o Senhor diz: "Pobrezinho! Você também é inimigo dos outros!". Então, é preciso rezar para que o Senhor transforme o coração deles.

PELOS POLÍTICOS

 melhor coisa que podemos oferecer aos governantes é a oração. Talvez alguém diga: "Aquela é uma pessoa ruim, deve ir para o inferno". Não, reze por ele, reze por ela, para que possa governar bem, para que ame seu povo, para que seja humilde. Um cristão que não reza pelos governantes não é um bom cristão. Os governantes são humildes e amam seu povo. Essa é a condição. Nós, os governados, damos o melhor. Acima de tudo, a oração.

Rezemos pelos governantes, para que nos governem bem. Para que conduzam nossa pátria, a nossa nação adiante, e também o mundo; que haja a paz e o bem comum. Essa palavra de Deus nos ajuda a participar melhor da vida comunitária de um povo: aqueles que governam, com o auxílio da humildade e com amor; os governados, com a participação e, acima de tudo, com a oração.

POR SODOMA E GOMORRA

 o livro de Gênesis (18,16-33) é recontada a corajosa intervenção de Abraão para evitar a morte dos justos na destruição de Sodoma e Gomorra, um exemplo de familiaridade e respeito a Deus. Abraão se volta a Deus como faria com qualquer homem e propõe o problema, insistindo: "E se houvesse cinquenta justos? Se houvesse quarenta... trinta... vinte... dez?".

Abraão ultrapassara os cem anos. Desde cerca dos vinte e cinco conversava com o Senhor e d'Ele havia acumulado uma sabedoria profunda. E, assim, se voltou ao Senhor para perguntar a Ele o que faria com aquela cidade pecadora. Abraão sente a força de conversar frente a frente com o Senhor e procura defender aquela cidade. É insistente. Ele sente que aquela terra pertence a ele e, por isso, procura salvar o que é seu, mas sente também que deve defender aquilo que pertence ao Senhor.

Abraão é corajoso e reza com coragem. Afinal, na Bíblia a primeira coisa que se nota é justamente a afirmação de que a oração deve ser corajosa. Quando falamos de coragem pensamos sempre no corajoso apóstolo, aquele que se põe a andar e a pregar o Evangelho.

Todavia existe também a coragem perante o Senhor, a parrésia perante o Senhor: ir até Ele com coragem para pedir as coisas. E Abraão conversa com o Senhor de uma maneira especial, com essa coragem.

A oração de Abraão é como uma negociação fenícia, na qual o preço é negociado e se faz o máximo possível para abaixá-lo. Abraão insiste, e de cinquenta consegue abaixar o preço para dez, embora soubesse que não seria possível evitar o castigo da cidade pecadora. No entanto, deveria interceder para salvar um justo, seu primo. E com coragem, com insistência, continua.

Quantas vezes acontece com alguns de nós de rezarmos por alguém dizendo: "Senhor, peço isto e aquilo…". Se você deseja que o Senhor conceda uma graça, deve caminhar com coragem e fazer como fez Abraão, com insistência. O próprio Jesus nos disse para rezarmos dessa forma.

PELOS BISPOS E PELO PAPA

 força do bispo contra o Grande Acusador é a oração, aquela de Jesus sobre ele e a sua própria. Esta é uma oração pelos nossos bispos: por mim e por todos os bispos do mundo.

Das atitudes de Jesus percebemos principalmente três: a primeira é que Jesus reza. Escreve o evangelista Lucas: "Jesus subiu ao monte e rezou, e passou a noite toda rezando a Deus". A segunda, que Jesus escolhe: é Ele quem escolhe os bispos. E, terceira, Jesus desce com eles a um lugar plano e encontra o povo: está entre o povo. Essas são exatamente as três dimensões do ofício episcopal: rezar, ser eleito e estar com o povo.

Jesus reza, e reza pelos bispos. Essa é a grande consolação que um bispo tem nos momentos difíceis: Jesus reza por mim. Além disso, disse explicitamente a Pedro: "Eu rezo por ti, para que a tua fé não diminua". De fato, Jesus reza por todos os bispos. Nesse momento, de frente ao Pai, Jesus reza. O bispo encontra consolo e forças na consciência de que Jesus reza por ele, de que está rezando por ele. E isso o leva a orar. Porque o bispo é um homem de oração.

Pedro possuía essa convicção quando anunciou ao povo a competência dos bispos: "A nós, a oração e o anúncio da Palavra". Não disse: "A nós, a organização dos planos pastorais". Há, portanto, espaço para a oração e para o anúncio da Palavra.

Desse modo, o bispo está protegido pela oração de Jesus, e isso o leva a rezar. Antes de tudo, essa é a primeira tarefa do bispo.

Um homem entre o povo, um homem que se sente escolhido por Deus e um homem de oração: essa é a força de um bispo.

Rezemos hoje pelos nossos bispos: por mim, por esses que estão aqui e por todos os bispos do mundo.

POR QUEM ESTÁ NO PODER

evemos aumentar nossa consciência de rezar pelos governantes. Eu lhes peço um favor: cada um de vocês, hoje, tome cinco minutos, não mais. Se for um governante, se pergunte: "Eu rezo para quem me deu o poder perante o povo?". Se não for um: "Eu rezo pelos governantes? Sim, por este e aquele, sim, pois me agradam, por aqueles, não". No entanto, são certamente estes os que mais precisam.

E se perceberem, quando fizerem o exame de consciência ao se confessar, que não rezaram pelos governantes, levem isso para a confissão. Porque não rezar pelos governantes é um pecado.

Peçamos ao Senhor a graça de nos ensinar a rezar pelos nossos governantes: por todos aqueles que estão no poder, e também a graça de que os governantes rezem.

PELOS QUE NOS
FAZEM SOFRER

uantos cristãos, no século passado, enviados aos gulags russos ou aos campos de concentração nazistas, rezaram por aqueles que desejavam matá-los? Muitos o fizeram. E são exemplos grandíssimos que tocam a consciência de todos, porque chegar a amar o próprio inimigo, que deseja nos destruir, é algo verdadeiramente difícil de compreender: apenas a palavra de Jesus pode explicar.

É verdade, devemos perdoar os inimigos. Isso compreendemos, o perdão, porque o mencionamos todos os dias no Pai-Nosso; pedimos perdão tanto quanto perdoamos, é uma condição... E perdoamos também para sermos perdoados. É uma condição nada fácil, mas, ainda que com um pouco de dificuldade, possível: engolimos os sapos e continuamos a caminhar.

Um esforço que acreditamos poder enfrentar, levando em conta o passo seguinte: rezar pelos outros, pelos que nos criam problemas, que em família têm um modo agressivo de ser. E rezar por aqueles que nos colocam em provação: isso também é difícil, mas o fazemos. Ou, ao menos algumas vezes, conseguimos fazer.

No entanto, é o próximo nível que parece incompreensível: rezar pelos que nos desejam destruir, inimigos porque Deus os abençoa. Isso é realmente difícil de compreender.

Difícil, mas não impossível. Pensemos no século passado, nos pobres cristãos russos que pelo simples fato de serem cristãos eram enviados à Sibéria para morrer de frio: e eles deveriam rezar para os governantes carrascos que os mandaram para lá? Como? E tantos o fizeram: rezaram. E pensemos em Auschwitz e outros campos de concentração: eles deveriam rezar por aquele ditador que desejava uma raça pura e matava sem escrúpulo, e rezar para que Deus abençoasse a todos eles? E tantos o fizeram. Aqui surge o convite que faz a consciência tremer: "Rezar pelos que estão prestes a matá-lo, que procuram matá-lo, destruí-lo...".

A ajuda vem novamente da Escritura, na qual existem duas orações que nos fazem adentrar essa difícil lógica de Jesus: a oração de Jesus pelos que o matavam — "perdoa-os, Pai" — e também a sua justificativa: "Não sabem o que fazem". Pede perdão por eles.

Também Estêvão o fez no momento do martírio, dizendo: "Perdoa-os". Quanta distância, uma distância infinita entre nós, que tantas vezes não perdoamos coisas pequenas, enquanto o Senhor nos pede que sigamos esses exemplos: perdoem aqueles que procuram nos destruir.

PELOS GOVERNANTES

aulo conversa conosco e nos aconselha a rezar pelos governantes: "Que se façam pedidos, orações, súplicas e ações de graças, por todos os homens, pelos reis e todos os que detêm a autoridade, a fim de que levemos uma vida calma e serena, com toda a piedade e dignidade. Eis o que é bom e aceitável diante de Deus, nosso Salvador" (1 Tm 2,1-3).

Assim, recomenda Paulo, o povo deve rezar pelos governantes e nós não temos uma consciência forte disso: quando um governante faz algo que não nos agrada, dizemos coisas ruins; se faz algo que nos agrada: "Ah, que bom!". No entanto, o deixamos sozinho, o deixamos com seu partido, deixamos que se organize com o Parlamento, sozinho.

E talvez tenha alguém que não se importe, dizendo: "Eu votei nele" ou "Não votei nele, que rezem os seus". Em vez disso, não podemos deixar os governantes sozinhos: devemos acompanhá-los com a oração. Os cristãos devem rezar para os governantes.

E também nesse caso alguém pode contestar: "Padre, como posso rezar por quem faz tantas coisas ruins?". Justamente nesse caso é ainda mais necessário: reze, faça a penitência pelo governante!

POR MIM, POR NÓS

esus reza, rezou e continua a rezar pela Igreja. Assim, a pedra fundamental da Igreja é o Senhor perante o Pai que intercede por nós, reza por nós: nós rezamos para Ele, mas o alicerce é Ele, que reza por nós.

Jesus sempre rezou pelos Seus. Na última ceia rezou pelos discípulos e pediu ao Pai: "Mantenha-os na verdade, acompanhe-os; não rezo apenas pelos que aqui estão, mas também pelos que virão". Além disso, Jesus reza antes de fazer qualquer milagre: pensemos na ressurreição de Lázaro, quando Ele reza para Deus dizendo: "Obrigado, Pai".

Também no Monte das Oliveiras, Jesus reza; na cruz, finaliza rezando: a sua vida termina em oração. É essa nossa segurança, o nosso fundamento, a nossa pedra fundamental: de que Jesus reza por nós, reza por mim. Assim, todos nós podemos dizer: "Estou seguro, estou segura de que Jesus reza por mim, está em frente ao Pai e me nomeia".

Leiamos essa passagem do Evangelho antes da Paixão, quando Jesus se volta a Pedro com uma advertência, que é como um eco do primeiro capítulo do livro de Jó: "Pedro, Pedro, o Satanás obteve a permissão de peneirá-los como ao trigo, mas eu rezei por ti, para que tua fé não diminua". E é belo pensar que as palavras que Jesus disse a Pedro, disse a você, a mim, a todos: "Eu rezei por ti, eu rezo por ti, eu ainda continuo a rezar por ti". E quando está no altar, Ele vem para interceder, para rezar por nós, como na cruz. Isso nos oferece uma grande segurança: eu pertenço a essa comunidade, firme a ela porque Jesus é a pedra fundamental, Jesus, que reza por mim, que reza por nós.

REZAR:
POR QUÊ?

*É bom pensar que o nosso Deus
não precisa de sacrifícios para
que conquistemos o Seu favor!
Não tem necessidade de nada, o nosso
Deus: na oração pede unicamente que
mantenhamos aberto um canal de
comunicação com Ele para
nos descobrirmos sempre Seus
filhos amadíssimos.*

PARA PEDIR UM MILAGRE

 oração para pedir uma ação extraordinária deve ser uma oração que nos una a todos, como se empenhássemos toda a nossa vida nesse sentido. Na oração é preciso colocar a carne em brasa.

A oração faz milagres, mas devemos crer neles. Eu acredito que nós podemos fazer uma bela oração, não uma oração de cortesia, mas uma oração com o coração, e dizer a Ele hoje durante todo o dia: "Creio, Senhor! Auxilie com a minha incredulidade". Todos nós possuímos no coração algo de incrédulo.

Digamos ao Senhor: "Creio, creio! Você pode! Auxilie com a minha incredulidade". E quando nos pedem que rezemos por tantas pessoas que sofrem nas guerras, nas suas condições de refugiados, em todo esse drama, rezemos, mas com o coração, e digamos: "Senhor, faça-o. Creio, Senhor. Ajude-me com minha incredulidade".

PARA FUGIR DA TENTAÇÃO

evemos estar atentos ao diabo. Eu me pego frequentemente repetindo esta pergunta: "O que devo fazer, Pai? O que faço diante desse diabo derrotado, mas malicioso, mentiroso, sedutor, que quer me prender a ele? O que devo fazer?".

Jesus nos diz, diz aos apóstolos, o que fazer: vigiar e rezar. Vigiar e rezar, é a primeira coisa. E, ao rezarmos o Pai-Nosso, pedir a graça de não cair em tentação, que sejamos protegidos para não cair em tentação.

Assim, a primeira arma é a oração.

PARA SUPORTAR
O SOFRIMENTO

uitas vezes há pessoas que estão sofrendo com situações difíceis, dolorosas, que perderam tanto ou que se sentem sós e abandonadas e passam a se lamentar, rebelam-se contra Deus e perguntam: "Por quê?". É preciso continuar a rezar assim, porque essa também é uma oração, como foi a de Jesus, quando perguntou ao Pai: "Por que me abandonou?", e como a de Jó. Porque rezar é encontrar-se na verdade diante de Deus. Reza-se diante da realidade. A oração verdadeira vem do coração, do momento em que se nasce. É justa a oração nos momentos de escuridão, nos momentos da vida em que não há esperança e não vemos o horizonte, a ponto de que muitas vezes perdemos a memória e não temos onde ancorar nossa esperança.

Junto a essas pessoas vão as que, mesmo sem doença, sem fama, sem desejos importantes, se veem com um pouco de escuridão na alma; uma situação em que pensamos ser mártires e paramos de rezar, dizendo-nos bravos com Deus, e nem mesmo vamos à missa.

Ao contrário, a Escritura nos ensina a sabedoria da oração no escuro, da oração sem esperança, como a de santa Teresinha do Menino Jesus, que, nos últimos meses de vida, se pôs a pensar sobre o céu e ouvia dentro de si uma voz que dizia: "Não sejas tola, não cries fantasias! Sabes o que te espera? O nada!".

Para o resto de nós, muitas vezes passamos por essa situação. E tanta gente pensa que terminará no nada. No entanto, santa Teresinha se defendia dessa armadilha: ela rezava e pedia forças para caminhar no escuro. Isso se chama "entrar em paciência". Uma virtude que é cultivada junto à oração, porque nossa vida é fácil demais, nossas lamentações são teatrais se comparadas às lamentações de tantos outros, de tantos irmãos e tantas irmãs que estão na escuridão, que quase perderam a memória, a esperança, que estão exilados, ainda que de si mesmos.

Jesus mesmo percorreu essa estrada: durante a noite no Monte das Oliveiras até suas últimas palavras na cruz: "Pai, por que me abandonou?".

Por consequência, devemos nos preparar para quando a escuridão chegar: ela virá, talvez não tão duramente quanto para Jó, mas todos passaremos por um momento de trevas. Por isso é melhor preparar o coração para esse momento.

PARA PEDIR MISERICÓRDIA

 eguindo o exemplo de Esdras, que, de joelhos, ergueu as mãos na direção de Deus implorando misericórdia (9,5-9), assim devemos fazer pelos nossos inúmeros pecados.

A oração é a estrada que devemos percorrer, sempre e apesar de tudo, para confrontar os momentos difíceis, como as provações mais dramáticas e a escuridão que às vezes nos cerca em situações imprevisíveis. Para encontrar a saída de tudo é preciso rezar incessantemente.

PARA PERMANECER FIEL

 compromisso da oração exige que nos apoiemos uns aos outros. O cansaço é inevitável; por vezes, já não conseguimos mais orar, mas, com o apoio dos irmãos, nossa oração pode continuar, até que o Senhor leve a bom termo a sua obra.

Escrevendo a Timóteo, seu discípulo e colaborador, são Paulo recomenda-lhe que permaneça firme naquilo que aprendeu e crê firmemente (2 Tm 3,14). Contudo Timóteo também não o conseguiria sozinho: não se vence a "batalha" da perseverança sem a oração. Não uma oração esporádica, intermitente, mas feita como Jesus ensina no Evangelho: "Orar sempre, sem jamais esmorecer" (Lc 18,1).

Esta é a maneira cristã de agir: ser firme na oração para se manter firme na fé e no testemunho. Entretanto, dentro de nós, surge uma voz: "Mas, Senhor, como é possível não nos cansarmos? Somos seres humanos; o próprio Moisés se cansou!".

É verdade, todos nos cansamos. Mas não estamos sozinhos, fazemos parte de um Corpo. Somos membros do Corpo de Cristo, a Igreja, cujos braços estão dia e noite erguidos para o céu, graças à presença de Cristo ressuscitado e do seu Espírito Santo. E só na Igreja e graças à oração da Igreja é que podemos permanecer firmes na fé e no testemunho.

Jesus no Evangelho promete que Deus fará justiça aos Seus eleitos, que a Ele clamam dia e noite (cf. Lc 18,7). Eis o mistério da oração: gritar, não se cansar e, se se cansar, peça ajuda para manter as mãos erguidas. Esta é a oração que Jesus nos revelou e deu no Espírito Santo.

PARA CONHECER DEUS

É isso que a oração faz conosco: transforma nosso coração, nos faz entender melhor como é o nosso Deus. No entanto, para tanto, é importante não falar com o Senhor com palavras vazias, como fazem os pagãos.

Ao contrário, é preciso conversar ante a realidade: "Veja, Senhor, tenho esse problema na família, com meu filho, com aquela pessoa… O que posso fazer? Veja, você não pode me deixar na mão!".

PARA SER COMO JESUS

esus orava com intensidade nos momentos públicos, partilhando a liturgia do Seu povo, mas procurava também lugares afastados, separados do turbilhão do mundo, lugares que Lhe permitiam entrar no segredo da sua alma: é o profeta que conhece as pedras do deserto e sobe aos cimos dos montes. As últimas palavras de Jesus, antes de expirar na cruz, foram palavras dos salmos, isto é, da oração, da prece dos judeus: rezava com as orações que a mãe Lhe ensinara.

Jesus orava como todos os homens do mundo. E, no entanto, no seu modo de rezar, havia também um mistério, algo que certamente não escapava aos olhos dos Seus discípulos, já que nos Evangelhos encontramos aquela súplica tão simples e imediata: "Senhor, ensina-nos a orar" (Lc 11,1). Eles viam Jesus rezar e tinham vontade de aprender a orar. E Jesus não se recusou, não era ciumento da Sua intimidade com o Pai, pois veio precisamente para nos introduzir nessa relação com o Pai. E assim torna-se mestre de oração dos Seus discípulos, como certamente quer sê-lo para todos nós. Também nós devemos dizer: "Senhor, ensina-me a orar. Ensina-me".

PARA TRANSFORMAR
A NÓS MESMOS

arece que muitas das nossas preces não obtêm resultado algum. Quantas vezes pedimos e não fomos atendidos — todos nós temos essa experiência —, quantas vezes batemos e encontramos uma porta fechada? Nesses momentos, Jesus nos recomenda para insistir e não desistir. A oração transforma sempre a realidade, sempre. Se não muda as coisas ao nosso redor, pelo menos nos transforma, o nosso coração muda. Jesus prometeu o dom do Espírito Santo a cada homem e a cada mulher que rezam.

Podemos estar certos de que Deus responderá. A única incerteza é em relação ao tempo, mas não temos dúvida de que Ele responderá. Talvez tenhamos que insistir durante a vida inteira, mas Ele responderá! Ele nos prometeu: Ele não é como um pai que dá uma serpente em vez de um peixe. Não há nada de mais certo: um dia se realizará o desejo de felicidade que todos temos no coração. Jesus diz: "E Deus não faria justiça a Seus eleitos que clamam por Ele dia e noite?" (Lc 18,7). Sim, fará justiça, nos ouvirá! Esse dia será de glória e de ressurreição!

A oração muda a realidade, não esqueçamos. Ou muda as coisas ou transforma o nosso coração, mas muda sempre.

REZAR:
COMO?

*Rezar é como falar com um amigo;
por isso a oração deve ser livre, corajosa,
insistente, até chegar a repreender
o Senhor.*

COM CORAGEM

omo rezamos? Rezamos por hábito, piedosamente, mas tranquilos, ou avançamos com coragem diante do Senhor para pedir uma graça, para pedir aquilo pelo que rezamos?

A atitude é importante porque uma oração que não é corajosa não é uma oração verdadeira. Quando se reza é necessária a coragem de ter fé que o Senhor nos escute, a coragem de bater à porta. O Senhor o diz, porque quem pede recebe, quem procura acha, e quem bate será bem-vindo.

A nossa oração é assim? Ou nos limitamos a dizer: "Senhor, preciso disso, dá-me a graça?". Em uma palavra, nos deixamos nos envolver com a oração? Sabemos bater no coração de Deus?

No Evangelho, Jesus nos diz: "Qual pai entre vós, se o filho vos pede um peixe, lhe dareis uma serpente? Ou se ele vos pede um ovo, dareis um escorpião? Se vós sois pais, dareis o bem aos vossos filhos. Se vós, portanto, que sois ruins, sabeis dar coisas boas aos vossos filhos, quanto mais o vosso Pai no Céu...". E esperamos que continue dizendo: "Dará coisas boas a vós". Em vez disso, não, não o diz! Dará o Espírito Santo aos que pedem. Isso é algo imenso.

Assim, quando rezamos corajosamente, o Senhor não apenas concede a graça, mas dá também a nós mesmos nossa graça. Porque o Senhor jamais concede ou envia uma graça pelo correio: Ele a entrega, Ele é a graça!

COM ZELO E HUMOR

ão percamos a oração. Rezai como puderdes; e, se cairdes de sono diante do Sacrário, bendito sejais. Mas rezai. Não percais isso. Não percais o olhar por Nossa Senhora e olhá-A como Mãe. Não percais o zelo, empenhai-vos…

Não percais a proximidade e a disponibilidade às pessoas e — permitais que vos diga — não percais o sentido do humor. E sigamos!

COM ALEGRIA
E EXULTAÇÃO

rei Davi fez sacrifícios em homenagem a Deus; rezou. Então sua oração se tornou exultante... era uma oração de louvor, de alegria. E começou a dançar. Diz a Bíblia: "Davi dançava com todas as forças perante o Senhor". Davi estava tão alegre naquela transformação da oração de louvor, que deixou qualquer compostura e começou a dançar perante o Senhor, mas com todas as forças.

Assim, aquela era a própria oração de louvor. Que é diferente da oração que sozinhos elevamos para pedir algo ao Senhor, ou apenas para agradecer-Lhe, de forma que não é difícil entender o sentido da reza de adoração.

A oração de louvor, coloquemo-la à parte. Para nós, ela não é espontânea. Alguns poderiam pensar que se trata de uma oração para a renovação do espírito e não para todos os cristãos. A oração de louvor é uma oração cristã para todos nós. Na missa, todos os dias, quando cantamos repetindo "Santo, Santo...", essa é uma oração de louvor, louvamos a Deus por Sua grandeza porque Ele é grande. E dizemos a Ele coisas belas, porque nos agrada que seja assim. E não importa ser um bom cantor. De fato, não é possível pensar que alguém seja capaz de gritar quando seu time de futebol faz um gol e não de cantar o louvor ao Senhor, de sair um pouco da sua conduta para cantar assim.

Louvar a Deus é totalmente gratuito: não pedimos, não agradecemos. Louvamos: Você é grande. "Glória ao Pai, ao Filho, ao Espírito Santo...", com todo o coração, dizemos. É um ato também de justiça, porque Ele é grande, o nosso Deus.

Pensemos numa bela pergunta que podemos nos fazer hoje: Como anda a minha oração de louvor? Eu sei louvar ao Senhor? Ou quando rezo *Glória* ou *Sanctus*, o faço apenas com a boca, mas não com todo o coração? O que significa Davi dançando? E Sara, que baila com alegria? Quando Davi entra na cidade, começa outra coisa: uma festa. A alegria do louvor nos leva à alegria daquela festa.

O homem ou a mulher que louva ao Senhor, que reza louvando a Ele — e, quando o faz, está feliz em dizê-lo — e se realegra quando canta *Sanctus* durante a missa, é um homem frutífero ou uma mulher frutífera. O contrário disso, aqueles que se prendem à formalidade de uma oração fria, comedida, talvez terminem na esterilidade da sua formalidade. Pensemos e imaginemos Davi, que dança com todas as forças perante o Senhor. Pensemos quão bonito é fazer a oração de louvor.

COM UM OLHAR
PARA OS IRMÃOS

 súplica é a expressão do coração que confia em Deus, pois sabe que sozinho não consegue. Na vida do povo fiel de Deus, encontramos muitas súplicas cheias de ternura crente e de profunda confiança. Não desvalorizemos a oração de petição, que tantas vezes nos tranquiliza o coração e ajuda a continuar a lutar com esperança.

A súplica de intercessão tem um valor particular, porque é um ato de confiança em Deus e, ao mesmo tempo, uma expressão de amor ao próximo. Alguns, por preconceitos espiritualistas, pensam que a oração deveria ser uma pura contemplação a Deus, sem distrações, como se os nomes e os rostos dos irmãos fossem um distúrbio a evitar.

Mas a verdade é que a oração será mais agradável a Deus e mais santificadora se nela procurarmos, através da intercessão, viver o duplo mandamento que Jesus nos deixou. A intercessão expressa o compromisso fraterno com os outros, quando somos capazes de nela incorporar a vida deles, as suas angústias mais inquietantes e os seus melhores sonhos.

A quem se entrega generosamente à intercessão podem-se aplicar estas palavras bíblicas: "Este é o amigo dos seus irmãos, aquele que muito ora pelo povo" (2 Mc 15,14).

FESTIVAMENTE
OU EM SILÊNCIO

e verdadeiramente reconhecemos que Deus existe, não podemos deixar de adorá-Lo, por vezes num silêncio cheio de enlevo, ou cantando a Ele em festivo louvor.

Assim expressamos o que vivia o beato Carlos de Foucauld quando disse: "Logo que acreditei que Deus existia, compreendi que só podia viver para Ele".

Na própria vida do povo peregrino, há muitos gestos simples de pura adoração, por exemplo, quando o olhar do peregrino pousa sobre uma imagem que simboliza a ternura e a proximidade de Deus.

O amor detém-se, contempla o mistério, desfruta dele em silêncio.

COM ADORAÇÃO

Os cristãos devem aprender a oração de adoração. E os pastores devem ter em mente a formação dos fiéis nessa forma fundamental de oração.

Muitas vezes eu penso que nós não ensinamos ao nosso povo como adorar. Sim, ensinamos a rezar, a cantar, a louvar a Deus, mas a adorar...

A oração de adoração nos aniquila sem destruir: a aniquilação da adoração nos dá nobreza e grandeza.

E a experiência em que se antecipa a vida no céu só pode ser alcançada com a memória de termos sido eleitos, de termos dentro do coração uma promessa que nos leva a caminhar, com uma aliança na mão e no coração. Assim, sempre no caminho; um caminho difícil, um caminho solitário, mas um caminho na adoração, na direção do momento em que as palavras desaparecem ante a glória de Deus: sem poder falar, sem saber o que dizer.

O rei Salomão ousa dizer apenas duas palavras, em meio à adoração: "Escute e perdoe", apenas isso. Não é possível dizer mais. Adorar em silêncio com toda uma história dentro de nós.

Nos faria bem, hoje, dedicar um pouco de tempo a rezar e assim fazê-lo em memória do nosso caminho, em memória das graças recebidas, da escolha, da promessa, da aliança. Um percurso interior no qual procuramos andar, na direção da adoração, e em meio a ela com muita humildade dizer apenas esta pequena oração: "Escute e perdoe".

COM FÉ INTENSA

ara rezar de verdade, o cristão deve ter coragem porque, seguro da própria fé, chega até mesmo a desafiar o Senhor, procurando sempre o modo de superar a inevitável dificuldade, sem duvidar.

Como diz o Evangelho de Marcos: o leproso diante de Jesus tinha fé e, corajoso, O confronta: se Você quer, Você pode; se não me cura é porque não quer. Dizia as coisas de forma clara, mas possuía fé e a verdadeira oração nasce dessa fé.

Havia outro homem que pediu a Jesus que curasse o filho que havia sido tomado pelo demônio e lhe disse: "Se Você pode, faça alguma coisa". Jesus, perante aquelas palavras, respondeu: "Se vocês tiverem uma semente de mostarda de fé". Ante aquele homem que duvidada, Jesus retruca, assim, que tudo é possível a quem crê. Claro, em retorno, aquele pobre homem repleto de angústia suplica: "Creio, Senhor, mas auxilie a minha fé enfraquecida!".

É preciso existir fé sempre no início e ele possuía pouca, segundo a história no Evangelho. O leproso, por sua vez, estava seguro, e desafiara Jesus. E assim o fazendo nos ensina que sempre, quando nos aproximamos do Senhor para pedir algo, devemos partir da fé e fazê-lo na fé: eu tenho fé que Você pode me curar, eu creio que Você pode fazer isso. É preciso ter coragem de desafiá-Lo, como o leproso.

Como eu rezo? Quando preciso de algo, como peço? Peço com fé ou peço como um papagaio? Repito simplesmente: "Senhor, preciso disso!", ou tenho um interesse verdadeiro de possuir aquilo que peço? Ou se vier, veio, senão, que azar; não, não seja assim.

De fato, a oração parte da fé; e se não tenho tanta fé, é possível dizer como aquele homem, o pai do menino: "Creio, Senhor, mas auxilie a minha fé enfraquecida". Portanto, devemos iniciar a oração assim, e com fé confiarmos no Senhor.

COM PACIÊNCIA, CRIATIVIDADE E AUDÁCIA

uitas vezes existem dificuldades, como na passagem do Evangelho em que alguns amigos chegam com um paralítico em uma maca; tendo muitas pessoas dentro e fora da casa, não conseguiam se aproximar. Certamente, se fosse uma pessoa, ela teria conseguido se esgueirar e caminhar até lá, mas eram quatro com a maca: impossível. No entanto, eles queriam que seu amigo fosse curado.

E também o paralítico queria ser curado e, assim, seguiram na direção da casa, subindo até o telhado, fazendo um buraco para que pudessem descer o adoecido na maca até Jesus: que presente! E Jesus, enquanto pregava, o via descer, pois eles queriam que o seu amigo fosse curado, queriam de verdade: havia uma dificuldade e souberam fazer diferente, procurando um modo de se aproximar de Jesus, com a fé que pode curar. E tiveram a coragem de procurar uma maneira.

No Evangelho há muitas pessoas assim. Lembremos daquela senhora que com dezoito anos sofria com hemorragias. Jesus estava distante, havia uma multidão, e ela disse: "Se eu conseguir tocar a aba do seu manto, serei salva". A sua fé era forte; embrenhou-se por entre as pessoas e a tocou. Jesus a percebeu e curou.

É preciso coragem para lutar e alcançar o Senhor, coragem para ter fé no início: "Se Você quiser, pode me curar, se Você quiser, eu creio". E também coragem para se aproximar do Senhor, quando há dificuldades. Muitas vezes é preciso paciência e saber esperar um tempo, sem desistir, e continuar sempre avante.

Não faz sentido se aproximar com fé do Senhor e dizer: "Se Você quiser, pode me conceder esta graça", e então, se a graça não chegar em três dias, pedir outra coisa e esquecer-se dela. É preciso coragem.

Na mesma linha, há tantos santos: lembremos de santa Mônica, que tanto rezou, e tanto chorou pela conversão do filho Agostinho, e obteve sucesso. É preciso coragem para confiar no Senhor e coragem para se envolver com isso. Talvez digam: "E se não for curado, se a graça não vier?". Talvez seja melhor não apostar com tanta força. Não, na oração se aposta alto e havendo dificuldades, elas são superadas, como muitos já fizeram.

A oração cristã nasce da fé em Jesus e com a fé sempre se superam as dificuldades. Hoje ela nos ajudará a levar em nossos corações uma frase do nosso pai Abraão, a quem foi prometida uma herança, a de ter um filho aos cem anos. Diz o apóstolo Paulo que ele teve fé e por isso foi justificado; tenha fé e se ponha a caminhar.

COM SIMPLICIDADE
E INSISTÊNCIA

m um hospital em Buenos Aires havia uma menina de nove anos com uma doença infecciosa e contagiosa que em uma semana teria morrido. Quando os médicos chamaram seus pais, disseram-lhes: "Fizemos o possível, mas não há nada mais a fazer. Morrerá em duas ou três horas". Então o pai, um operário, um homem simples, trabalhador, que conhecia a realidade da vida como Jesus, saiu da clínica, deixou ali a sua esposa, pegou um ônibus e percorreu setenta quilômetros até o santuário de Nossa Senhora de Luján. Saiu por volta das seis da tarde e chegou às oito, quase nove da noite, quando o santuário já estava fechado. Mas esse homem permaneceu ali a noite inteira, na frente do santuário. Agarrou-se ao portão de entrada, e a noite inteira implorou à Nossa Senhora: "Quero a minha filha. Quero a minha filha. Tu podes dá-la a mim". Depois, por volta das cinco ou seis da manhã, voltou a pegar o ônibus e regressou. Chegou mais ou menos às nove e meia, e encontrou a esposa um pouco desorientada, sozinha. A menina não estava ali. Pensou no pior. Então a mãe, a esposa, disse-lhe: "Sabe, os médicos a levaram para fazer outro exame, não conseguem explicar por que ela despertou e pediu para comer, e não tem nada, está bem, fora de perigo".

Isso aconteceu. Tenho certeza. E o ensinamento tirado desse acontecimento é que aquele homem talvez não fosse à missa todos os domingos, mas sabia rezar, sabia que quando temos uma necessidade, há um amigo que tem a possibilidade, tem o pão, tem a possibilidade de resolver um problema nosso. Por isso, bateu à porta a noite inteira.

COM INTROMISSÃO

evemos rezar com coragem, com constância, até mesmo com autoridade, sem nunca parar; porque a oração não é uma varinha mágica, mas uma pesquisa, um trabalho, uma luta, que demanda vontade, constância e determinação.

O Senhor deseja nos ensinar como rezar: "Eu vos digo que, ainda que não queirais, vos levanteis mesmo assim, para dar a um amigo o que ele veio pedir, no mínimo devido à sua intromissão, e dareis tudo o que ele pede". Tudo. "Sim, venham, peguem o pão, as linguiças, peguem tudo e levem para casa." Ou seja, em uma palavra: autoridade.

Reza-se com coragem porque quando rezamos temos uma necessidade. E como Deus é um amigo, também é um amigo rico que possui pães, possui o que precisamos. E como disse Jesus: "Na oração sois intrusivos. Não cansados". Não sermos cansados de quê? De pedir: "Peçam e lhes será dado". Assim, é uma oração que faz pesquisa. Procurem. E, fechada uma porta, partam para a próxima. Batam, e ela lhes será aberta. Sejam intrusivos na oração. Porque quem pede recebe. Quem procura acha. Quem bate terá a porta aberta. E isso é belo.

A oração não é como uma varinha mágica: que rezamos e... pronto! É feita a graça. A oração é um trabalho: um trabalho que exige vontade, que exige constância, que nos exige sermos determinados, sem vergonha. Por quê? Porque estou batendo à porta do meu amigo.

Deus é amigo, e com um amigo posso fazer isso. Uma oração constante, intrusiva, como a de santa Mônica, por exemplo: por quanto anos ela rezou, e tantas lágrimas derramou, para a conversão do filho Agostinho. E o Senhor, por fim, abriu a porta.

Se você pedir, se apenas disser dois Pais-Nossos e depois for embora, então está afirmando que não deseja verdadeiramente o que pediu. Ao contrário, é necessário pedir com intromissão.

COMO CRIANÇAS TEIMOSAS

A maior parte de nós não sabe rezar. Pensa nas crianças mimadas que, quando querem algo, gritam, se agitam "Eu quero, eu quero!". Choram e no final a mãe e o pai dizem: "Toma então isto e vai, pelo menos assim não chateia".

Acontece o mesmo com Deus. O Senhor é um amigo: dá sempre o bem. E dá mais: peça-Lhe que resolva um problema, e Ele o resolve, concedendo-te até o Espírito Santo.

COMO REZA JESUS

urante a ceia da Quinta-feira Santa, os apóstolos estavam tristes, e Jesus disse: "Não tenhais vossos corações perturbados, tende fé. Na morada do Meu Pai há muitas mansões. Irei vos preparar um lugar". O que isso quer dizer? Como Jesus prepara um lugar? Com Sua oração por cada um de nós: Jesus reza por nós, e essa é a intervenção. É importante, de fato, saber que Jesus trabalha por nós, neste momento, com Sua oração.

Assim como certa vez disse Jesus, antes da Paixão: "Pedro, eu rezei por ti", assim também é a intervenção entre o Pai e nós.

A este ponto podemos perguntar: "E como reza Jesus?". Esta é a minha resposta pessoal, não é um dogma da Igreja: eu creio que Jesus faz com que o Pai veja as feridas, porque Ele leva as feridas consigo, depois da ressurreição, faz com que o Pai as veja e nomeia cada um de nós. Acredito que seja possível imaginar assim a oração de Jesus. E o cristão deve se animar com a consciência disto: neste exato momento Jesus intercede por nós.

TRAZENDO ARGUMENTOS

 oisés inicia sua oração, uma verdadeira luta com Deus. É a luta do chefe do povo para salvar o seu povo, que é o povo de Deus. Moisés conversa livremente em frente ao Senhor e assim nos ensina como rezar: sem medo, livremente, mas também com insistência. Moisés insiste, é corajoso: a oração deve ser assim!

Apenas dizer palavras, e nada mais, não é de fato rezar. Deve-se também saber negociar com Deus. Da mesma forma que fez Moisés, lembrando a Deus, com argumentos, do relacionamento que Ele tem com o povo. Assim procura "convencer" Deus de que se derramasse Sua ira contra o povo faria algo ruim perante todos os egípcios. No livro do Êxodo, podemos ler exatamente estas palavras de Moisés a Deus: "Porque os egípcios dirão: 'Os fez sair com malícia, para fazê-los perecer entre as montanhas e fazê-los desaparecer da Terra?'. Desista do ardor da Sua ira e abandone o propósito de fazer mal ao Seu povo".

De modo substancial Moisés procurava "convencer" Deus a mudar de atitude, com bons argumentos. E essa argumentação ele buscou em suas memórias. Assim disse a Deus: "Você fez isso, aquilo e mais aquilo para Seu povo, mas agora o deixa morrer no deserto, o que dirão nossos inimigos? Dirão que você é mau, que não é fiel". Desse modo Moisés se engaja em uma luta na qual põe no centro dois elementos: o seu povo e o meu povo.

A oração é bem-sucedida, porque ao final Moisés consegue "convencer" o Senhor. O Senhor se arrepende do mal que havia ameaçado fazer contra Seu povo. Sim, o Senhor estava um pouco cansado desse povo infiel, mas quando lemos que o Senhor se arrepende e muda de atitude, devemos nos fazer uma pergunta: "Quem foi de fato mudado? O Senhor mudou?".

Eu creio que não: quem mudou foi Moisés. Porque ele acreditava que o Senhor havia destruído o povo. E procurou em suas lembranças como Deus havia sido bom com Seu povo, como o havia libertado da escravidão do Egito para levá-lo adiante com uma promessa.

É justamente com esses argumentos que procura "convencer" Deus. Nesse processo resgata a lembrança do seu povo e encontra a misericórdia de Deus. Na realidade, Moisés tinha medo de que Deus fizesse aquela coisa terrível. Por fim, porém, desceu do monte com uma grande sabedoria no coração: o nosso Deus é misericordioso, sabe perdoar, volta atrás em Suas decisões, é um pai!

COM FÉ

enhum de nós é obrigado a aceitar a teoria de que, no passado, alguém propôs que a oração de pedido seja uma forma tíbia da fé, enquanto a oração mais autêntica seria a do louvor puro, aquela que procura Deus sem o peso de pedido algum. Não, isso não é verdade. A prece de pedido é autêntica, espontânea, é um ato de fé em Deus que é Pai, que é bom, onipotente. Trata-se de um ato de fé em mim, que sou pequenino, pecador, necessitado. E por isso a oração para pedir algo é muito nobre.

Deus é o Pai que tem imensa compaixão por nós, e deseja que os Seus filhos Lhe falem sem medo, chamando-o diretamente "Pai"; ou nas dificuldades dizendo: "Mas, Senhor, o que me fizeste?".

Por isso podemos contar-Lhe tudo, até aquilo que na nossa vida permanece distorcido e incompreensível. E prometeu-nos que teria ficado conosco para sempre, até o último dia em que vivermos nesta terra. Rezemos o Pai-Nosso, começando assim, simplesmente: "Pai" ou "Papai". E Ele nos compreende e ama muito.

COM O OLHAR
VOLTADO PARA CIMA

 oração do Pai-Nosso tem suas raízes na realidade concreta do homem. Por exemplo, faz-nos pedir o pão de cada dia: um pedido simples, mas essencial, o qual diz que a fé não é uma questão "decorativa", separada da vida, que intervém quando todas as outras necessidades foram satisfeitas. No máximo, a oração começa com a própria vida.

A prece — ensina-nos Jesus — não começa na existência humana quando o estômago está cheio: ao contrário, existe onde quer que haja um homem, um homem qualquer que tem fome, que chora, que luta, que sofre e que se pergunta "por quê".

A nossa primeira prece, num certo sentido, foi o gemido que acompanhou o primeiro respiro. Naquele choro de recém-nascido anunciava-se o destino de toda a nossa vida: a nossa fome contínua, a nossa sede perene, a nossa busca pela felicidade.

Jesus, na oração, não quer apagar o humano, não quer anestesiá-lo. Não quer que moderemos as perguntas nem os pedidos aprendendo a suportar tudo. Ao contrário, quer que cada sofrimento, qualquer preocupação, se projete rumo ao céu e se torne diálogo.

As orações
do papa Francisco

REZAI POR MIM

Virgem Maria, são José,
são Pedro e são Paulo, são Francisco,
intercedei por mim
para que o Espírito Santo acompanhe o meu ministério,
e a todos vos digo: rezai por mim!
Amém.

NA TENTAÇÃO

Na tentação, meu Deus,
ajuda-me a não pechinchar Contigo, mas a rezar.
Ajuda-me, Senhor,
sou fraco, não quero me esconder de Ti.
Isso é coragem, isso é vencer.
Senhor, concede-me a graça
e me acompanha nessa coragem.
E se estou enganado da minha fraqueza,
na tentação me dá a força
para me levantar e continuar adiante:
por isso veio Jesus.

COMO CRIANÇAS

Senhor,
dê a todos os cristãos a graça
de compreender, de ouvir,
de entrar no mundo misterioso de Jesus,
de nos admirarmos e termos paz
com Seu amor que se comunica,
nos dá alegria e nos leva pelos caminhos da vida
como uma criança levada pela mão.

ESCAPAR DO PECADO

Quando caímos em tentação, Senhor,
faz como com os discípulos,
com a Tua paciência de sempre conosco:
"Para. Fica tranquilo.
Ergue os olhos, olha para o horizonte,
não te feches, vai em frente."
Tuas palavras nos salvarão de cair no pecado.

UM GRITO NA
DIREÇÃO DO CÉU

No Vosso grito, Senhor,
ecoa o grito do inocente
que se une à Vossa voz e se eleva para o céu.
Nesse lugar da memória,
nós Vos imploramos, Senhor,
que o Vosso grito nos mantenha despertos.
Que o Vosso grito, Senhor,
nos liberte da doença espiritual
que sempre nos tenta como povo:
esquecer-nos dos nossos pais,
de quanto viveram e sofreram.
Que, no Vosso grito e na vida dos nossos pais
que tanto sofreram,
possamos encontrar a coragem de nos comprometermos,
com determinação, no presente e no futuro;
que aquele grito seja estímulo
para não nos adequarmos às modas do momento,
aos slogans simplificadores,
e a toda tentativa de reduzir e tirar
de qualquer pessoa a dignidade de que Vós a revestistes.
Senhor, que a Lituânia seja farol de esperança;
seja terra da memória operosa,
que renova os compromissos contra toda injustiça.
Que promova esforços criativos
na defesa dos direitos de todas as pessoas,
especialmente das mais indefesas e vulneráveis.

E que seja mestra na reconciliação
e harmonização das diferenças.
Senhor, não permitais que sejamos surdos ao grito
de todos aqueles que hoje
continuam a erguer a voz para o céu.

VERGONHA, PENITÊNCIA
E ESPERANÇA

Senhor Jesus,
dirigimos o nosso olhar para Ti,
cheio de vergonha, de arrependimento e de esperança.
Diante do Teu amor supremo
que a vergonha nos invada
por ter Te deixado sofrer sozinho pelos nossos pecados:
a vergonha por ter escapado diante da provação
não obstante tenhamos dito milhares de vezes:
"Ainda que todos Te deixem, eu nunca Te deixarei";
a vergonha por ter escolhido Barrabás e não a Ti,
o poder e não a Ti,
a aparência e não a Ti, o deus dinheiro e não a Ti,
a mundanidade e não a eternidade;
a vergonha por ter Te tentado
com a boca e o coração,
todas as vezes que nos encontramos perante uma provação,
dizendo-Te:
"Se Tu és o Messias, salva-Te a Ti mesmo, e nós
[acreditaremos!";
a vergonha porque tantas pessoas,
e até alguns dos Teus ministros,
se deixaram enganar pela ambição
e pela vã glória,
perdendo a sua dignidade e o seu primeiro amor;
a vergonha porque as nossas gerações
estão a deixar aos jovens

um mundo dilacerado pelas divisões e pelas guerras;
um mundo devorado pelo egoísmo,
onde os jovens, os pequeninos, os doentes e os idosos
são marginalizados;
a vergonha por ter perdido a vergonha;
Senhor Jesus,
concede-nos sempre a graça da santa vergonha!
O nosso olhar está repleto também de um arrependimento
que, ante o Teu silêncio eloquente,
suplica a Tua misericórdia:
o arrependimento que germina da certeza
de que somente Tu podes salvar-nos do mal,
só Tu podes curar-nos da nossa lepra de ódio,
de egoísmo, de soberba, de avidez, de vingança,
de cobiça, de idolatria,
somente Tu podes voltar a abraçar-nos,
restituindo-nos a dignidade filial
e alegrando-Te pelo nosso regresso a casa, à vida;
o arrependimento que brota do escutar
a nossa pequenez, o nosso nada, a nossa vaidade,
e que se deixa acariciar
pelo Teu convite suave e poderoso à conversão;
o arrependimento de Davi
que, do abismo da sua miséria,
reencontra em Ti a sua única força;
o arrependimento que nasce da nossa vergonha,
que brota da certeza de que o nosso coração
estará sempre inquieto,
enquanto não Te encontrar,
e em Ti, a sua única fonte de plenitude e de tranquilidade;

o arrependimento de Pedro
que, encontrando o Teu olhar, chorou amargamente
por ter Te negado diante dos homens.
Senhor Jesus,
concede-nos sempre a graça do santo arrependimento!
Perante a Tua suprema majestade se acende,
nas trevas do nosso desespero,
a centelha da esperança
porque sabemos que a Tua única medida de nos amar
é a de nos amar sem medida;
a esperança porque a Tua mensagem
continua a inspirar, ainda hoje,
muitas pessoas e muitos povos
pois só o bem pode derrotar
o mal e a ruindade,
só o perdão pode abater o rancor e a vingança,
somente o abraço fraternal
pode dispersar a hostilidade e o medo do outro;
a esperança porque o Teu sacrifício
continua, ainda hoje,
a emanar o perfume do amor divino
que acaricia os corações de tantos jovens
que continuam a consagrar-Te as suas vidas,
tornando-se exemplos vivos de caridade e de gratuidade
neste nosso mundo
devorado pela lógica do lucro
e do ganho fácil;
a esperança porque muitos missionários e muitas missionárias
continuam, ainda hoje,
a desafiar a consciência adormecida da humanidade,

arriscando a vida para Te servir nos pobres,
nos descartados, nos imigrantes, nos invisíveis,
nos explorados, nos famintos e nos encarcerados;
a esperança porque a Tua Igreja,
santa e feita de pecadores, continua, ainda hoje,
não obstante todas as tentativas de a desacreditar,
a ser uma luz que ilumina, encoraja, eleva
e testemunha o Teu amor ilimitado pela humanidade,
um modelo de altruísmo, uma arca de salvação
e uma fonte de certeza e de verdade;
a esperança porque da Tua cruz,
fruto da avidez e da covardia
de muitos doutores da Lei e hipócritas,
surgiu a Ressurreição,
transformando as trevas do sepulcro
no fulgor da alvorada do Domingo sem ocaso,
ensinando-nos que o Teu amor é a nossa esperança.
Senhor Jesus,
concede-nos sempre a graça da santa esperança!
Ajuda-nos, Filho do homem,
a despojar-nos da arrogância do ladrão posto
à tua esquerda e dos míopes e dos corruptos,
que viram em Ti uma oportunidade a explorar,
um condenado a criticar,
um derrotado a escarnecer,
outra ocasião para descarregar sobre os outros,
e até sobre Deus, as próprias culpas.
Ao contrário, pedimos-Te, Filho de Deus,
que nos identifiquemos com o bom ladrão,
que Te fitou com olhos cheios de vergonha,

de arrependimento e de esperança;
que, com o olhar da fé,
viu na Tua aparente derrota
a vitória divina
e, assim, ajoelhou-se diante da Tua misericórdia
e, com honestidade, roubou o Paraíso! Amém!

IGREJA EXTROVERTIDA

Deus e Pai nosso,
que, por meio de Jesus Cristo,
instituístes a Igreja sobre o fundamento dos apóstolos,
para que, guiada pelo Espírito Santo,
seja no mundo sinal e instrumento
do Vosso amor misericordioso,
nós Vos damos graças pelos dons
que concedestes à nossa Igreja em Lima.
Ajudai-nos a ser Igreja extrovertida,
aproximando-nos de todos,
especialmente dos menos favorecidos;
ensinai-nos a ser discípulos missionários
de Jesus Cristo, o Senhor dos Milagres,
vivendo o amor, procurando a unidade
e praticando a misericórdia,
para que, protegidos pela intercessão
de Nossa Senhora da Evangelização,
vivamos e anunciemos ao mundo a alegria do Evangelho.

O NOME DO DEUS VIVO

"Deus de Abraão, Deus de Isaac e Deus de Jacó."
Com este nome Te apresentaste a Moisés,
quando lhe revelaste a vontade
de libertar o teu povo da escravidão do Egito.
Deus de Abraão, Deus de Isaac e Deus de Jacó:
Deus que estabelece aliança com o homem;
Deus que se liga
com um pacto de amor fiel, para sempre.
Misericordioso e compassivo
com cada homem e povo que sofre opressão.
Deus dos rostos e dos nomes.
Deus de cada um dos trezentos e trinta e cinco homens
massacrados aqui em 24 de março de 1944,
cujos despojos repousam nesses túmulos.
Tu conheces os seus rostos e os seus nomes.
Todos, também dos doze que para nós permaneceram
[desconhecidos;
para Ti nenhum é desconhecido.
Deus de Jesus, Pai nosso que estás nos céus.
Graças a Ele, o crucificado ressuscitado,
nós sabemos que o Teu nome
"Deus de Abraão, Deus de Isaac e Deus de Jacó"
significa que não és Deus dos mortos, mas dos vivos,
que a Tua aliança de amor fiel
é mais forte do que a morte
e é garantia de ressurreição.
Faz, ó Senhor, com que neste lugar,

consagrado à memória dos mortos
pela liberdade e pela justiça,
descalcemos as sandálias do egoísmo e da indiferença
e através da sarça ardente deste mausoléu
ouçamos em silêncio o Teu nome:
"Deus de Abraão, Deus de Isaac e Deus de Jacó",
Deus de Jesus,
Deus dos vivos.
Amém.

CRISTO NEGRO

Ó Cristo negro de Bojayá,
que nos lembra a Tua paixão e morte;
juntamente com os Teus braços e pés
arrancaram de Ti os Teus filhos
que procuravam refúgio em Ti.

Ó Cristo negro de Bojayá,
que nos olhas com ternura
e com rosto sereno;
que o Teu coração palpite também
para nos acolher no Teu amor.

Ó Cristo negro de Bojayá,
faz que nos comprometamos
a restaurar o Teu corpo.
Que sejamos os Teus pés
para ir ao encontro
do irmão necessitado;
os Teus braços para abraçar
quem perdeu a sua dignidade;
as Tuas mãos para abençoar e consolar
quem chora na solidão.

Faz que sejamos testemunhas
do Teu amor e da Tua misericórdia infinita.
Amém.

PARA OS JOVENS

Senhor Jesus,
Pedimos-Te que os jovens
com coragem assumam a própria vida,
olhem para as realidades mais bonitas e mais profundas
e conservem sempre um coração livre.
Acompanhados por guias sábios e generosos,
ajuda-os a responder à chamada
que Tu diriges a cada um deles,
para realizar o próprio projeto de vida
e alcançar a felicidade.
Mantém aberto o Teu coração aos grandes sonhos
tornando-os atentos ao bem dos irmãos.
Como o Discípulo amado,
também eles permaneçam ao pé da Cruz
para acolher a Tua Mãe, recebendo-a como um dom de Ti.
Sejam testemunhas da Tua Ressurreição
e saibam reconhecer-Te vivo ao lado deles
anunciando com alegria que Tu és o Senhor. Amém.

A MISERICÓRDIA DO PAI

Senhor Jesus Cristo,
Tu que nos ensinaste a sermos misericordiosos
como o Pai Celeste,
e nos disseste que quem vê a Ti, vê a Ele.
Mostra-nos o Teu rosto e seremos salvos.
O Teu olhar amoroso
libertou Zaqueu e Mateus da escravidão do dinheiro;
a adúltera e a Madalena
de colocar a felicidade apenas numa criatura;
fez Pedro chorar depois da traição,
e assegurou o Paraíso ao ladrão arrependido.
Faz com que cada um de nós considere como dirigidas a si
[mesmo
as palavras que disseste à mulher samaritana:
Se tu conhecesses o dom de Deus!
Tu és o rosto visível do Pai invisível,
do Deus que manifesta Sua onipotência
sobretudo com o perdão e a misericórdia:
faz com que a Igreja seja no mundo o rosto visível de Ti,
seu Senhor, ressuscitado e na glória.
Tu quiseste que os Teus ministros
fossem também eles revestidos de fraqueza
para sentirem justa compaixão
por aqueles que estão na ignorância e no erro:
faz com que todos os que se aproximarem de cada um deles
se sintam esperados, amados e perdoados por Deus.
Envia o Teu Espírito e consagra-nos a todos

com a Tua unção
para que o Jubileu da Misericórdia
seja um ano de graça do Senhor
e a Tua Igreja possa, com renovado entusiasmo,
levar aos pobres a alegre mensagem,
proclamar aos cativos e oprimidos a libertação
e aos cegos restaurar a vista.
Nós Tê-lo pedimos por intercessão
de Maria, Mãe de Misericórdia,
a Ti que vives e reinas com o Pai e o Espírito Santo,
pelos séculos dos séculos.
Amém.

DISCÍPULOS E MISSIONÁRIOS

Senhor, Tu deixaste no meio de nós Tua Mãe
para que nos acompanhasse.
Que Ela cuide de nós
e nos proteja no nosso caminho,
no nosso coração, na nossa fé.
Que nos faça discípulos como Ela o foi,
e missionários como Ela o foi também.
Que nos ensine a sair pelas estradas.
Que nos ensine a sair de nós mesmos.
Que Ela, com a sua mansidão, a sua paz,
nos indique o caminho.

O ESSENCIAL

Te peço, Senhor, uma graça para todos os cristãos.
Derrama sobre todos nós a coragem
de nos enlamearmos com o espírito do mundo
que é a lepra, o câncer da sociedade,
o obstáculo à revelação de Deus
e o inimigo de Jesus.
Concede a graça de nos privarmos de tudo isso.
Ajuda a todos os cristãos, a Igreja,
cada homem e mulher de boa vontade
a eliminar aquilo que não é essencial
para ir ao encontro de quem é pobre
e pede para ser amado.

ORAÇÃO PELA ÁGUA

Senhor,
faz com que a água
não seja um símbolo de separação entre os povos,
mas de encontro pela comunidade humana.
Peço a Ti que protejas
quem arrisca a vida pelas ondas
em busca de um futuro melhor.
Peço a Ti, Senhor, que ajudes quem governa
a enfrentar com responsabilidade, previsão,
generosidade e espírito de colaboração
as decisões mais delicadas da nossa época.
Peço a Ti pelos que se dedicam
ao apostolado do mar,
para que operem na perspectiva do bem comum
de toda a família humana,
e não dos interesses particulares.
Confio a Ti a nova geração,
para que cresça no conhecimento
e no respeito da casa em comum
e com o desejo de cuidar
do bem essencial da água,
para vantagens de todos.
Sustenta a comunidade cristã,
a fim de fazer de modo
que todos possam usufruir
desse recurso indispensável,
conservando com respeito os presentes recebidos do Criador.

AUSCHWITZ

Senhor, tem piedade do Teu povo!
Senhor, nos perdoa por tanta crueldade!

UM NOVO PENTECOSTES

Peçamos à Virgem Maria
que obtenha também hoje para a Igreja um
Pentecostes renovado,
uma juventude renovada que nos proporcione
a alegria de viver e testemunhar o Evangelho
e infunda em nós um desejo intenso de sermos santos,
para a maior glória de Deus.

NENHUM EXCLUÍDO

Peço ao Senhor, por intercessão da Virgem Maria,
que desfaça a dureza dos corações
e a limitação das mentes,
para que sejamos abertos à Sua graça, à Sua verdade
e à Sua missão de bondade e misericórdia,
que se destina a todos,
sem excluir ninguém.

HOMENS E MULHERES DE ORAÇÃO

Os santos travaram o bom combate da fé
e do amor através da oração,
por isso permaneceram firmes na fé,
com o coração generoso e fiel.
Senhor, pelo exemplo e pela intercessão deles,
nos concede também,
de sermos homens e mulheres de oração;
de gritarmos dia e noite a Ti, sem nos cansarmos;
de deixarmos que o Espírito Santo reze em nós,
e de orarmos apoiando-nos mutuamente
para permanecermos com os braços erguidos,
até que vença a Misericórdia Divina.

FIDELIDADE ÀS PROMESSAS

Juntamente comigo, as famílias da Igreja inteira,
Te agradecemos, Senhor,
pelo dom da fé
e pela graça do matrimônio cristão.
Comprometemo-nos Contigo
a servir a vinda do Teu reino de santidade,
justiça e paz,
com a fidelidade às promessas que fizemos
e com a perseverança no amor.

SAL E LUZ DA TERRA

Ao fim da jornada Te pergunto, Senhor:
"Fui o sal hoje? Fui a luz?".
Ajuda-nos a entender que essa é a santidade de todos os dias.

FILHO PRÓDIGO

Virgem Maria, refúgio dos pecadores,
faça brotar nos nossos corações
a confiança que se acendeu no coração do filho pródigo:
"Levantar-me-ei e irei a meu pai, e dir-lhe-ei:
Meu pai, pequei".
Nos ajude a percorrer por essa vereda,
para darmos alegria a Deus,
para que sua felicidade
possa se tornar a sua e a nossa festa.

PARA A IGREJA E O MUNDO

Bem-Aventurada Nossa Senhora "Auxiliadora dos cristãos",
rezo para Ti por todos os fiéis católicos que vivem na China.
Ajuda-os a viver a fé com generosidade e serenidade,
que saibam realizar gestos concretos de fraternidade,
concórdia e reconciliação,
em plena comunhão com o Sucessor de Pedro.
Invoco a Tua intercessão
a fim de que o Senhor conceda paz e misericórdia
à Igreja e ao mundo inteiro.

PÃO PARTILHADO

Virgem Maria,
        sustente o nosso propósito
de fazer comunhão com Jesus Cristo,
alimentando-nos da Sua Eucaristia,
para nos tornarmos, por nossa vez, pão partido
para os irmãos.

PAIS E FILHOS

Senhor,
esteja próximo dos pais.
Faça com que sejam felizes com seus filhos,
que tenham a alegria em casa e na esperança.
Envie a eles Sua bênção.

PARA MADRE TERESA

Madre Teresa,
ajuda-nos a entender cada vez mais
que nosso único critério de ação
é o amor gratuito,
livre de qualquer ideologia e de qualquer vínculo
e derramado sobre todos,
sem distinção de língua, cultura, raça ou religião.
Faz que, portando no nosso coração o teu sorriso
e doando-o àqueles que encontramos
no nosso caminho,
especialmente aos muitos que sofrem,
abramos horizontes de alegria e esperança
à humanidade desencorajada
e que necessita de compreensão e ternura.

LIVRA-NOS, SENHOR

Senhor Deus, livra-nos de vivermos rebaixados,
contentados com meias verdades.
As meias verdades não saciam o coração,
não fazem o bem.
Livra-nos de uma vida pequena,
que gira em torno dos "pecíolos".
Livra-nos do pensamento de que tudo vai bem
se a mim vai bem, os outros que se virem.
Livra-nos de acreditarmos sermos justos se não fazemos nada
para combater a injustiça.
Quem nada faz para contrastar a iniquidade
não é um homem ou mulher justos.
Livra-nos de acreditarmos sermos bons
apenas porque não fazemos nada de mau.
Senhor, dá-nos o desejo de fazer o bem;
de procurar a verdade odiando a falsidade;
de escolher o sacrifício, não a preguiça;
o amor, não o ódio; o perdão, não a vingança.

PARA BELÉM

Virgem Maria,
nos ajuda a apressar os passos para Belém,
para encontrar o Menino que nasceu para nós,
para a salvação e a alegria de todos os homens.
A Ti o Anjo disse:
"Alegra-Te, ó cheia de graça: o Senhor está Contigo".
Nos permite viver a alegria do Evangelho em família,
no trabalho, na paróquia e em todos os ambientes.
Dá-nos uma alegria íntima,
feita de admiração e ternura,
igual à que sente uma mãe
quando olha para o seu filho recém-nascido
e sente que é um dom de Deus,
um milagre que se deve agradecer!

DIANTE DE JESUS MENINO

Comovidos pelo jubiloso dom,
Menino pequenino de Belém,
pedimos a Ti que o Teu choro
nos desperte da nossa indiferença,
abra nossos olhos perante quem sofre.
A Tua ternura desperte a nossa sensibilidade
e nos faça sentirmos convidados a Te reconhecer
em todos aqueles que chegam às nossas cidades,
às nossas histórias, às nossas vidas.
Que a Tua ternura revolucionária
nos persuada a sentir-nos convidados
a cuidar da esperança e da ternura do nosso povo.

INDIFERENÇA

Senhor,
Apaga o que resta de Herodes no nosso coração;
dá-nos a graça de chorar pela nossa indiferença,
de chorar pela crueldade que há no mundo, em nós,
incluindo aqueles que, no anonimato,
tomam decisões socioeconômicas.
Faz com que nos perguntemos sempre:
"Quem chorou hoje no mundo?".
Pai, pedimos perdão
pela indiferença por tantos irmãos e irmãs,
pedimos a Ti perdão, por quem se acomodou,
se fechou no seu próprio bem-estar
que leva à anestesia do coração,
Te pedimos perdão por aqueles
que com as suas decisões em nível mundial
criaram situações
que conduzem a esses dramas.
Perdão, Senhor!
Senhor, faz com que hoje ouçamos também
as Tuas perguntas:
"Adão, onde estás?"
"Onde está o sangue do teu irmão?".

COMO UM BOM SAMARITANO

Virgem Maria, nos ajude a caminhar
pela vereda do amor,
o amor generoso pelo próximo,
a senda do bom samaritano.
Nos ajude a viver o principal mandamento
que Cristo nos deixou.
Esse é o caminho para entrar na vida eterna.

UM PASSO ADIANTE

Senhor, dá-nos a graça de não hesitar
quando o Espírito nos exige
que demos um passo em frente;
dá-nos a coragem apostólica
de comunicar o Evangelho aos outros
e de renunciar a fazer da nossa vida
um museu de recordações.
Em qualquer situação, Espírito Santo,
nos faz contemplar a história
na perspectiva de Jesus ressuscitado.
Assim a Igreja, em vez de cair cansada,
poderá continuar em frente
acolhendo as surpresas do Senhor.

PARA AS VÍTIMAS DE ABUSO

Maria, Mãe nossa e Mãe da Igreja,
a Ti entregamos hoje
o caminho do povo fiel de Deus.
Te pedimos
que as famílias sejam apoiadas no seu empenho
de espalhar o Reino de Cristo
e cuidar dos últimos
dentre os nossos irmãos e irmãs.
No meio dos ventos e das tempestades
que enfuriam nos nossos tempos,
faz com que esses baluartes de fé e bondade
resistam a tudo o que pretenda diminuir
a dignidade do homem e da mulher
criados à imagem de Deus
e chamados ao destino sublime da vida eterna.
Olha com misericórdia
para todos os membros atribulados na família do Teu Filho.
Senhor, imploro Teu perdão por esses pecados,
para o escândalo e a traição
sentidos por muitos na família de Deus.
Bem-aventurada Mãe,
intercede por todas as pessoas sobreviventes
de abusos de qualquer tipo
e confirma cada membro da família cristã
no propósito resoluto
de nunca mais permitir

que aconteçam tais situações;
bem como intercede por nós todos,
para que possamos sempre proceder com justiça
e reparar,
em quanto dependa de nós, tanta violência.

ATO PENITENCIÁRIO

Pedimos perdão pelos abusos na Irlanda,
abusos de poder e de consciência, abusos sexuais
realizados por membros qualificados da Igreja.
Em particular, pedimos perdão
por todos os abusos cometidos
em diversos tipos de instituições
dirigidas por religiosos e religiosas.
E pedimos perdão
pelos casos de exploração do trabalho
a que tantos menores foram submetidos.
Pedimos perdão pelas vezes em que, como Igreja,
não oferecemos aos sobreviventes
de qualquer tipo de abuso
compaixão, e a busca pela justiça e pela verdade.
Pedimos perdão.
Pedimos perdão
por alguns membros da hierarquia
que não cuidaram
dessas situações dolorosas
e guardaram o silêncio.
Pedimos perdão.
Pedimos perdão pelas crianças
que foram separadas de suas mães
e por todas as vezes em que se dizia
a muitas mães solteiras
que tentavam encontrar seus filhos
que lhes foram separados,

ou aos filhos, que procuravam suas mães,
que se tratava de "pecado mortal":
isso não é pecado mortal,
mas sim o quarto mandamento.
Pedimos perdão.
Senhor, mantenha e faça crescer
esse estado de vergonha e compunção,
e nos dê a força para nos comprometermos
a trabalhar para que nunca mais isso aconteça
e para que se faça justiça. Amém.

UMA VERDADEIRA CONVERSÃO

Espírito Santo,
nos guie na realização de um verdadeiro caminho de
[conversão,
para redescobrirmos o dom da Palavra de Deus,
sermos purificados do pecado que nos cega
e servirmos a Cristo presente nos irmãos necessitados.
Nos ajude a rezar uns pelos outros para que,
participando na vitória de Cristo,
saibamos abrir as nossas portas ao frágil e ao pobre.
Assim poderemos viver e testemunhar
em plenitude a alegria da Páscoa.

SABEDORIA

Espírito Santo, dê-nos a sabedoria do tempo,
a sabedoria do fim,
a sabedoria da ressurreição,
a sabedoria do encontro eterno com Jesus,
para que possamos compreender a sabedoria
que existe em nossa fé.
Conscientize-nos de que o encontro com Cristo
será um dia de alegria.
Senhor, prepare-nos para a nossa morte
e faça com que cada um de nós tenha consciência, hoje,
de que não permanecerá eternamente na Terra,
e que também o mundo terá um fim.

PARA O MUNDO ATUAL

Oramos a Ti, Senhor,
para que a linguagem do coração e do diálogo prevaleça
sempre acima da linguagem das armas;
para que os que possuem um poder material, político
ou espiritual não se deixem dominar pela
corrupção;
para que as grandes escolhas econômicas e políticas
[protejam
as famílias como um tesouro da humanidade;
para que as redes sociais não anulem a personalidade,
mas favoreçam a solidariedade e o respeito ao próximo
na sua diferença;
para que os fiéis laicos compreendam suas missões
[específicas
empreendendo sua criatividade ao serviço dos
desafios do mundo atual;
para o mundo do trabalho, para que sejam assegurados a
todos o respeito e a tutela dos direitos, e seja oferecida aos
desempregados a possibilidade de contribuir para o trabalho
de edificação do bem comum;
para os nossos irmãos que se afastaram da fé,
para que, através da nossa oração e do testemunho
evangélico, possam redescobrir a beleza
da vida cristã;
para os jovens, para que saibam responder com
[generosidade
às suas vocações e saibam se mobilizar

pelas grandes causas do mundo;
para os muitos que estão passando por provações, acima de
[tudo os pobres, os
refugiados e os excluídos, para que encontrem acolhimento
e conforto na nossa comunidade;
para que todos contribuam ao bem comum e
à edificação de uma sociedade que coloque no centro
a pessoa humana;
para que cuidemos da criação, recebida como
um presente, a ser cultivada e protegida para as
gerações futuras;
para que os responsáveis pelo pensamento e pela gestão
da economia tenham a coragem de recusar
uma economia de exclusão e saibam criar
novos caminhos.
Amém.

PERTO DE NÓS

Virgem Santa,
dê-nos a alegria de servir ao Senhor
e de caminhar na liberdade que Ele mesmo nos concedeu:
da adoração, da prece e do serviço ao próximo.
Maria, nos ajude a ser Igreja materna,
Igreja hospitaleira e atenta a todos.
Permaneça sempre ao nosso lado, ao lado dos nossos
[doentes,
dos nossos idosos, que constituem a sabedoria do povo,
e dos nossos jovens.
Seja para todo o nosso povo
um sinal de consolação e de uma esperança segura.
Maria, nos acompanhe, nos ajude, nos console
e nos conceda paz e alegria.

AJUDA PARA OS OUTROS

Maria Santíssima,
que acolhes sob o Teu manto
todas as pessoas cansadas e abatidas,
faz de modo que minha fé seja iluminada,
testemunhada na própria vida, me ajuda a ser o alívio
para todos que têm necessidade de ajuda, de ternura,
de esperança.

IRMÃOS E IRMÃS

Confio a Ti, Maria Santíssima,
os dramas e as esperanças
de tantos irmãos e tantas irmãs nossos,
excluídos, frágeis, rejeitados e desprezados,
inclusive aqueles que são perseguidos
por causa da fé,
e invoco a Tua proteção.

A TENTAÇÃO DA AUTONOMIA

Senhor,
por intercessão da Virgem Maria
Mãe da Igreja,
Te pedimos a graça
de nunca cairmos na tentação
de pensar que podemos dispensar os outros,
que podemos dispensar a Igreja,
que podemos nos salvar sozinhos,
de sermos cristãos de laboratório.

MÃE DE ESPERANÇA

Devemos muito a Ti, Mãe!
Em Ti, Imaculada,
presente em cada momento da história da salvação,
vemos um testemunho sólido de esperança.
Tu nos sustentas nos momentos de escuridão,
de dificuldade, de desconforto,
de aparente derrota ou de verdadeiras derrotas humanas.
Maria, nossa esperança,
nos ajuda a fazer de nossa vida
uma oferenda agradável ao Pai Celeste,
e um dom jubiloso para os nossos irmãos,
com uma atitude que olha sempre para o futuro.

ESCUTA E ESPERA

Virgem Maria,
     Mãe da esperança e rainha do céu,
nos mantenha sempre em uma atitude
de escuta e de espera,
de maneira a podermos ser desde já permeados do amor
                                        [de Cristo
e participar um dia do júbilo sem fim,
na plena comunhão de Deus.
Assim estaremos para sempre com o Senhor.

PELA PAZ

Maria, Mãe doce e carinhosa,
dê a bênção do Senhor
para a família humana inteira.
Hoje, Dia Mundial da Paz, invoquemos de modo especial
a Sua intercessão
para que o Senhor nos dê a paz nos nossos dias:
paz nos corações,
paz nas famílias,
paz entre as nações.
Todos somos chamados a ser livres, a ser filhos;
e cada um, segundo as próprias responsabilidades,
a lutar contra as formas modernas de escravidão.
Nos sustente, Senhor, que, para nos tornar irmãos a todos,
[se fez nosso servo!

VERDADEIROS CRISTÃOS

Ó Maria, faze-nos sentir o Teu olhar de Mãe,
guia-nos para o Teu Filho,
faz que não sejamos cristãos "de vitrina",
mas saibamos meter as mãos à obra para construir
com Jesus o Seu Reino de amor, de alegria e de paz.

CHAMAS DE ESPERANÇA

Senhor,
Faz com que tantas chamas
dissipem as trevas da guerra!
Te peço que ajudes os cristãos a permanecer na Síria
e no Oriente Médio
como testemunhas de misericórdia,
de perdão e de reconciliação.
Dá esperança a todos aqueles
que sofrem conflitos e tensões
em várias outras partes do mundo, próximas e distantes.
Faz com que a oração da Igreja
os ajude a sentir a proximidade do Deus fiel
e sensibilize cada consciência
a um compromisso sincero a favor da paz.
Perdoa aqueles que promovem a guerra,
aqueles que fabricam as armas para se destruírem,
e converte o coração deles.

VIDA COTIDIANA

São José, Maria,
nos ensinem a ser fiéis
aos nossos compromissos diários,
a viver a nossa fé nos gestos de todos os dias,
a reservar mais espaço ao Senhor na nossa vida
e a pararmos para contemplar o Seu rosto.

A SALVAÇÃO DE JESUS

Jesus, faz com que tantos corações que sofrem guerras,
perseguições e escravidão
sintam o Teu poder divino, que é libertação e serviço.
Com a Tua mansidão,
tira a dureza das almas de tantos homens e tantas mulheres
imersos no mundanismo e na indiferença,
na globalização da indiferença.
Com a Tua força redentora transforma as armas em arados,
a destruição em criatividade,
o ódio em amor e ternura.
Assim poderemos dizer com alegria:
"Os nossos olhos viram a Tua salvação".

PEQUENEZ E IMENSIDÃO

Nós Te bendizemos, Senhor Deus Altíssimo,
que Te humilhaste por nós.
És imenso, e Te fizeste pequenino;
és rico, e Te fizeste pobre;
és onipotente, e Te fizeste frágil.

O PRIMEIRO PASSO

Senhor,
Te pedimos a graça
de não nos fecharmos com a mente endurecida,
sempre reivindicando dos outros,
mas de dar o primeiro passo na oração,
no encontro fraterno, na caridade concreta.
Assim seremos mais parecidos Contigo,
que amas sem esperar retorno.
Nos derrama o Espírito de unidade.

O DONO DA PAZ

Hoje, de todos os cantos da Terra,
os crentes elevam orações para pedir a Ti, Senhor,
                                        [o dom da paz
e a capacidade de levá-la em cada ambiente.
Neste primeiro dia do ano,
nos ajuda a nos dirigirmos todos juntos com mais decisão
para o caminho da justiça e da paz,
começando em casa, entre nós,
e depois nos alastrando por toda a humanidade.
Espírito Santo, aja nos corações,
abra os fechamentos e as durezas
e conceda que nos enterneçamos
diante da fragilidade do Menino Jesus.
Nos ajude a cultivar a força da mansidão,
a força não violenta da verdade e do amor
que é necessária para obter a paz.

COMO OS MAGOS

Senhor, nos concede fazer
o mesmo caminho de conversão dos Magos.
Nos defende e nos livra
das tentações que escondem a estrela.
Nos ajuda a sentir sempre a inquietação
de nos interrogarmos onde está aquela luz quando,
no meio dos enganos do mundo,
a perdemos de vista.
Faz com que aprendamos a conhecer
de forma sempre nova o Teu mistério,
que não nos escandalizemos
com o sinal referido pelos anjos,
"Um menino envolto em panos
e deitado numa manjedoura",
e nos ensina a ter a humildade de pedir à Mãe,
à nossa Mãe, que nos mostre.
Nos mostra como encontrar a coragem
de nos libertarmos das nossas ilusões,
das nossas presunções, das nossas "estrelas",
e que O busquemos na humildade da fé
e possamos encontrar a Luz,
como fizeram os santos Magos
para entrarmos no mistério.
Assim seja.

AMADOS DE DEUS

Maria, Mãe de misericórdia,
infunde no nosso coração a certeza
de que somos amados por Deus.
Permanece por perto nos momentos em que nos sentimos sós,
quando somos tentados a nos render
às dificuldades da vida.
Nos comunica os sentimentos do Teu Filho Jesus,
para que o nosso caminho quaresmal
se torne experiência de perdão, de acolhimento e de caridade.

CADA NOVA VIDA

Virgem Santa, nos ajude a compreender
que em cada pessoa humana há a marca de Deus,
fonte da vida.
Mãe de Deus e nossa Mãe,
nos torne cada vez mais conscientes
de que na geração de um filho
os pais agem como colaboradores de Deus,
realizando uma missão deveras sublime
que faz de cada família um santuário da vida.
Faça com que o nascimento de uma criança
desperte a alegria, a admiração, a gratidão.

CIDADE ETERNA

Mãe Imaculada,
No dia da Tua festa,
tão querida ao povo cristão,
venho prestar-Te homenagem no coração de Roma.
Na minha alma trago os fiéis desta Igreja
e todos aqueles que vivem nesta cidade
especialmente os doentes
e quantos, devido a várias situações,
têm mais dificuldade de ir em frente.

Antes de tudo, queremos dar-Te graças
pelo esmero maternal
com que acompanhas o nosso caminho:
quantas vezes ouvimos narrar,
com lágrimas nos olhos,
de quantos experimentaram a Tua intercessão,
as graças que pedes por nós
ao Teu Filho Jesus!
Penso também numa graça comum
que concedes às pessoas que vivem em Roma:
a de enfrentar com paciência
as dificuldades da vida diária.
Mas por isso Te pedimos a força
para não nos resignarmos,
para que cada um faça todos os dias a própria parte
para melhorar a situação,
para que o cuidado de cada um
torne Roma mais bonita e habitável para todos;

a fim de que o dever bem cumprido por cada um
garanta os direitos de todos.
E, pensando no bem comum desta cidade,
pedimos-Te por aqueles
que desempenham funções de maior responsabilidade:
obtém-lhes sabedoria, clarividência,
espírito de serviço e de colaboração.

Virgem Santa, desejo confiar-Te de modo particular
os sacerdotes desta Diocese:
os párocos, os vice-párocos, os sacerdotes idosos
que, com o coração de pastores,
continuam a trabalhar a serviço do povo de Deus,
pelos numerosos presbíteros estudantes de todas as partes
[do mundo
que colaboram nas paróquias.
Para todos eles, peço a dócil alegria de evangelizar,
e o dom de serem pais,
próximos do povo, misericordiosos.
A Ti, Mulher totalmente consagrada a Deus,
confio as mulheres consagradas na vida religiosa
e na secular,
que graças a Deus em Roma são muitas,
mais do que em qualquer outra cidade do mundo,
e formam um maravilhoso mosaico
de nacionalidades e culturas.
Para elas peço-Te a alegria de ser, como Tu,
esposas e mães,
fecundas na oração, na caridade,
na compaixão.

Ó Mãe de Jesus,
faço-Te um último pedido, neste tempo de Advento,
pensando nos dias em que Tu e José
estáveis ansiosos
por causa do nascimento iminente do Vosso Menino,
preocupados porque havia o censo e também
devíeis deixar o Vosso povoado, Nazaré,
e ir a Belém...
Tu sabes, Mãe, o que significa trazer no seio a vida
e sentir ao redor a indiferença, a rejeição
e, por vezes, o desprezo.
Por isso, peço-Te que estejas próxima das famílias
que hoje, em Roma, na Itália, no mundo inteiro
vivem situações semelhantes,
a fim de que não sejam abandonadas a si mesmas,
mas tuteladas nos seus direitos,
direitos humanos
que vêm antes de qualquer exigência, por mais legítima
[que seja.

Ó Maria Imaculada,
aurora de esperança no horizonte da humanidade,
vela sobre esta cidade,
sobre as casas, as escolas, os escritórios, as lojas,
as fábricas, os hospitais e as prisões;
em nenhum lugar falte
aquilo que Roma tem de mais precioso,
e que conserva para o mundo inteiro,
o testamento de Jesus:
"Amai-vos uns aos outros, como Eu vos tenho amado".
Amém.

SEMPRE FIEL

Virgem Maria,
    Mulher da expectativa e da oração,
que nos traz Jesus,
nos ajuda a revigorar a nossa esperança
nas promessas do Teu Filho,
para nos levar a experienciar que,
através das adversidades da história,
Deus permanece sempre fiel,
servindo-se também dos erros humanos
para manifestar a Sua misericórdia.

NATAL EXTROVERTIDO

Virgem Maria,
nos obtenha a graça de viver um Natal extrovertido,
mas não dispersivo,
para que no centro não esteja o nosso "eu",
mas o Tu de Jesus e o tu dos irmãos,
sobretudo aqueles que têm necessidade de uma ajuda.
Faça com que demos espaço ao Amor que, também hoje,
quer se tornar carne e vir habitar entre nós.

CAPAZES DE PERDOAR

Espírito Santo, derrame sobre nós o dom da fortaleza
que cura os nossos temores, as nossas debilidades,
a nossa pequenez,
dilatando o coração para perdoar. Perdoar sempre!
Maria e santo Estêvão,
intercedestes por nós,
nos ajudai a confiar sempre em Deus,
especialmente nos momentos difíceis,
e nos amparai no propósito
de sermos homens e mulheres capazes de perdoar.

NA DOENÇA

Maria, Mãe da ternura,
queremos confiar a Ti todos os doentes de corpo e de
[espírito,
para que os sustentes na esperança.
Faze-nos acolhedores para com os irmãos enfermos;
Ajude as pessoas doentes a viverem o sofrimento
em comunhão com o Senhor Jesus,
e ampara aqueles que cuidam delas.

VAMOS PARA BELÉM

"Vamos a Belém…":
assim disseram e fizeram os pastores.
Eu também, Senhor, quero ir a Belém.
O caminho, ainda hoje, é difícil:
é preciso superar os cumes do egoísmo,
evitar escorregar nos precipícios da mundanidade
e do consumismo.
Quero chegar a Belém, Senhor,
porque é lá que me esperas.
E dar-me conta de que Tu, colocado numa manjedoura,
és o pão da minha vida.
Preciso da terna fragrância do Teu amor,
a fim de tornar-me, por minha vez, pão repartido para o
[mundo.
Toma-me sobre os Teus ombros, bom Pastor:
amado por Ti,
conseguirei também eu amar tomando pela mão os irmãos.
Então será Natal, quando poderei dizer a Ti:
"Senhor, sabes tudo; Tu sabes que eu Te amo!".

PREPARAR-SE PARA O NATAL

Senhor, vem com o Teu poder,
para nos encontrar, nos salvar, como a ovelha
tresmalhada,
para nos levar ao rebanho da Tua Igreja.
Nos concede a graça de esperar o Natal
com as nossas feridas,
com os nossos pecados, sinceramente reconhecidos,
de esperar o Teu poder que vem para nos consolar,
Teu poder é a ternura,
as carícias que nasceram do Teu coração,
o Teu coração tão bom que deu a vida por nós.

DEIXAR TUDO

Senhor, pedimos a Ti a graça
de fazer como Pedro e André, Tiago e Giovanni,
que deixaram a barca, a rede, o pai, a família;
a graça de abandonar tudo aquilo
que nos impede de ir adiante na anunciação,
renunciando os compromissos, pecados e vícios
que todos nós conhecemos bem;
a graça de nos desvencilharmos de tudo isso
para sermos mais coerentes e anunciar Jesus Cristo,
para que as pessoas creiam com o nosso testemunho.

A SACRALIDADE
DA FAMÍLIA

Santa família de Nazaré,
faça com que todos reconheçamos
o caráter sagrado da família,
a sua beleza no desenho de Deus.

SÃO PATRÍCIO

Junto com são Patrício, repitamos com alegria:
"Cristo dentro de mim,
Cristo atrás de mim, Cristo ao meu lado,
Cristo debaixo de mim, Cristo acima de mim".
Com a alegria e a força conferidas pelo Espírito Santo,
digamos-Lhe confiadamente:
"A quem iremos nós, Senhor?
Tu tens palavras de vida eterna".

PARA AS FAMÍLIAS

Maria, nossa Mãe,
Rainha da família e da paz,
sustente os pais e os filhos na viagem da vida,
do amor e da felicidade.

PROPÓSITOS DO BEM

A Ti, Maria, Mãe de Deus e nossa Mãe,
apresentamos os nossos propósitos de bem.
Pedimos a Ti que estendas sobre nós
e sobre todos os dias do novo ano
o manto da Tua proteção materna.

MÃE DO CÉU

Mãe do Céu,
escuta a voz dos Teus filhos,
que humildemente invocam o Teu nome.
Virgem da esperança,
confiamos a Ti o caminho dos crentes
na nobre terra da China.
Pedimos-Te que apresentes ao Senhor da história
as tribulações e as canseiras,
as súplicas e os anseios dos fiéis que a Ti se dirigem,
ó Rainha do Céu!
Mãe da Igreja,
consagramos-Te o presente e o futuro
das famílias e das nossas comunidades.
Guarda-as e sustenta-as
na reconciliação entre irmãos
e no serviço a favor dos pobres
que bendizem o Teu nome,
ó Rainha do Céu!
Consoladora dos aflitos,
voltamo-nos para Ti, porque és refúgio
de quantos choram na provação.
Vele pelos Teus filhos que louvam o Teu nome,
faz com que levem, unidos, o anúncio do Evangelho.
Acompanha os seus passos em prol dum mundo mais
[fraterno,
faz com que levem a todos a alegria do perdão,
ó Rainha do Céu!

MISTÉRIO

Senhor, faz nos aproximarmos mais do Teu mistério
e nos coloca no caminho que queiras que percorramos:
o caminho da humildade, o caminho da mansidão,
o caminho da pobreza,
o caminho de nos sentirmos como pecadores...
Assim Tu vens nos salvar, nos libertar.

PELA MÃO DE MARIA

Nos toma pela mão, Maria.
Agarrados a Ti,
superaremos as curvas mais fechadas da história.
Leva-nos pela mão
a descobrir os laços que nos unem.
Reúne-nos, todos juntos, sob o Teu manto,
na ternura do amor verdadeiro,
onde se reconstitui a família humana:
À Tua proteção, recorremos,
Santa Mãe de Deus.

A ORAÇÃO DOS CINCO DEDOS

Polegar:
Rezamos pelos que são mais próximos, as pessoas de quem nos recordamos mais facilmente. Rezar pelos mais queridos a nós é "uma doce obrigação".
Indicador:
Rezamos pelos que ensinam, educam e curam: instrutores, professores, médicos e sacerdotes. Necessitam de sustentação e sabedoria para indicar aos outros a direção correta.
Médio:
Rezamos pelos nossos governantes, o presidente, os parlamentares, os empresários e os dirigentes. São as pessoas que gerem o destino da nossa pátria e guiam a opinião pública... Necessitam da condução de Deus.
Anelar:
Esse dedo, o mais fraco, está ali para nos lembrar de rezar pelos mais fracos, pelos que têm desafios a enfrentar, pelos adoentados. Necessitam das nossas orações dia e noite. Rezemos também pelos casados.
Mínimo, o menor:
Rezamos também por nós mesmos, sentindo-nos pequenos diante de Deus e dos nossos próximos. Apenas depois de termos rezado por todos os outros, podemos entender melhor quais são as nossas necessidades, olhando para elas de uma perspectiva correta.

O ESPANTO PELO MENINO

Maria, humilde e pobre filha de Sião,
que se tornou Mãe do Filho do Altíssimo,
nos ajude a sentir o enlevo pela Natividade de Jesus,
o dom dos dons,
o presente imerecido que nos traz a salvação.

NOSSA SENHORA
DE BONÁRIA

Abençoada Virgem e Nossa Senhora de Bonária,
a Ti, com tanta confiança, consagro cada um dos Teus
[filhos.
Tu conheces a nós e nós sabemos que nos queres muito bem.

Hoje, depois de ter adorado Teu filho Jesus Cristo,
nosso irmão mais velho e nosso Deus,
peço a Ti que voltes Teu olhar
sobre todos e cada um.

Oro a Ti por todas as famílias
desta cidade e desta região.

Te invoco pelas crianças e pelos jovens,
pelos idosos e pelos adoentados;
pelos que estão sós
e pelos que estão aprisionados;
pelos que têm fome
e pelos que não têm trabalho;
pelos que perderam a esperança
e pelos que não têm fé.
Suplico a Ti também pelos governantes
e pelos educadores.

Mãe nossa, protege a todos com ternura
e nos oferece a Tua força e muita consolação.

Somos todos Teus filhos: colocamo-nos sob Tua proteção.
Não nos deixes sós
neste momento de dor e de provação.
Confiamos no Teu coração materno
e a Ti consagramos tudo que somos e possuímos.
E, acima de tudo, doce Mãe, mostra-nos Jesus
e nos ensina a fazer sempre e somente aquilo que Ele nos dirá.
Amém.

PELAS VÍTIMAS DO
TERRORISMO

Ó Deus, onipotente e misericordioso,
Senhor do universo e da história,
tudo que criaste é bom,
e a Tua compaixão pelos erros do homem
é inexaurível.

Hoje vimos a Ti para pedir-Te
que conserves o mundo e os seus habitantes na paz,
que afastes deles
a onda devastadora de terrorismo,
que restabeleças a amizade
e infundas nos corações das Tuas criaturas
o dom da confiança
e da disponibilidade a perdoar.

Ó Dador da vida,
Pedimos-Te também por aqueles que morreram
vítimas de brutais ataques terroristas.
Concede-lhes a recompensa eterna.
Que intercedam pelo mundo,
dilacerado por conflitos e contrastes.

Ó Jesus, Príncipe da Paz,
pedimos-Te por quem foi ferido
nesses atos de violência desumana:
crianças e jovens, mulheres e homens, idosos,

pessoas inocentes envolvidas no mal só pela fatalidade.
Cura o corpo e o coração deles
e consola-os com a Tua força,
cancelando ao mesmo tempo o ódio
e o desejo de vingança.

Espírito Santo Consolador,
visita as famílias das vítimas do terrorismo,
famílias que sofrem sem terem culpa.
Protege-as com o manto da tua divina misericórdia.
Faz com que reencontrem em Ti e em si mesmas
a força e a coragem
para continuarem a ser irmãos e irmãs para os outros,
sobretudo para os imigrados,
testemunhando com a sua vida o Teu amor.

Toca o coração dos terroristas,
para que reconheçam o mal das suas ações
e voltem ao caminho da paz e do bem,
do respeito pela vida e da dignidade de cada homem,
independentemente da religião,
da proveniência, da riqueza ou da pobreza.

Ó Deus, Pai Eterno,
satisfaz na Tua misericórdia
a oração que Te elevamos
entre o fragor e o desespero do mundo.
A Ti nos dirigimos com grande confiança, cheios de esperança
na Tua misericórdia infinita,
recomendando-nos à intercessão

da Tua Santíssima Mãe,
fortalecidos pelo exemplo dos beatos mártires do Peru,
Zbigniew e Michele,
que tornaste valorosas testemunhas do Evangelho,
a ponto que ofereceram o seu sangue,
e pedimos o dom da paz
e o afastamento de nós da chaga do terrorismo.
Por Cristo nosso Senhor.
Amém.

CORAÇÃO SIMPLES

Peçamos hoje, todos juntos a Ti, Senhor,
a graça de um coração simples,
que crê e vive na força suave do amor.
Nos dá a serena e total confiança para viver
na Tua misericórdia.

O ENCONTRO COM JESUS

Virgem Maria, Tu que és a "serva do Senhor",
nos ajuda a ouvir a voz de Deus na oração
e a servi-Lo com compaixão aos irmãos,
para chegarem prontos ao encontro com o Natal,
preparando o nosso coração para acolher Jesus.

ESTRELA DO MAR

Ó Maria, estrela do mar,
mais uma vez recorremos a Ti,
para encontrar refúgio e serenidade,
para implorar por proteção e socorro.

Mãe de Deus e Mãe nossa,
pousa Teu olhar doce
sobre todos que dia a dia
enfrentam os perigos do mar
para garantir a suas famílias
o sustento necessário da vida,
para proteger o respeito da criação,
para servir a paz entre os povos.

Protetora dos migrantes e dos itinerantes,
ajuda, como cura materna, os homens,
as mulheres e as crianças
forçados a fugir de suas terras
em busca de um futuro e de esperança.
Que o encontro conosco e com o nosso povo
não se transforme na fonte de uma nova
e ainda mais pesada escravidão e humilhação.

Mãe de misericórdia,
implora pelo nosso perdão, que
estamos cegos com o egoísmo, plenos de nossos interesses
e prisioneiros de nossos medos,

somos distraídos nos confrontos das necessidades
e dos sofrimentos dos irmãos.

Refúgio dos pecadores,
obtém a conversão do coração
dos tantos que geram a guerra, ódio e pobreza,
exploram os irmãos e a fragilidade deles,
fazem uma troca injusta com a vida humana.

Modelo de caridade,
abençoa os homens e as mulheres de boa vontade,
que acolhem e servem aqueles que pousam nesta terra:
Que o amor recebido e doado
seja semente de novos laços fraternos
e aurora de um mundo de paz. Amém.

O MAL DO CONSUMISMO

Senhor,
libera-nos do consumismo,
esse mal tão perigoso
que nos captura e nos faz escravos,
tornando-nos dependentes do gastar.
Concede-nos a graça de uma generosidade
que nos aumente o coração
e nos alce à magnanimidade.

PARA TODOS OS SACERDOTES

Não somos órfãos porque Tu, Maria, nos acompanhas.
Quiseste nos mostrar-Te assim, mestiça e frutífera,
e estás ao nosso lado desse modo,
Mãe de ternura e de vigor
que nos resgata da paralisia
ou da confusão do medo,
porque simplesmente está ali, como Mãe.
Com confiança Te pedimos que nos indiques o caminho,
que nos livres da perversão do clericalismo,
que nos tornes cada vez mais "pastores do povo"
e que não permitas nos tornarmos
"clérigos de Estado".

FUTURO

Virgem Maria,
   nos ajude a não ser pessoas niveladas no presente
ou, pior, nostálgicas do passado,
mas orientadas para o futuro de Deus,
para o encontro com Ele,
nossa vida e nossa esperança.

INCREDULIDADE E ALEGRIA

Te pedimos hoje, Senhor,
que nos dês a incredulidade que nasce diante de Ti,
perante as muitas riquezas espirituais
que nos concedeste.
E juntamente com essa maravilha nos dês a alegria,
a alegria da nossa vida, de viver com o coração em paz
e a capacidade de superar as numerosas dificuldades;
e nos protejas da tentação de procurar a felicidade
em muitas coisas que afinal acabam por nos entristecer:
Faze-nos homens e mulheres de incredulidade e alegria.

PELO MEU INIMIGO

Senhor, concede a Tua bênção ao meu inimigo
e ensina-me a amá-lo.

O NOSSO SIM

Creio em Ti, espero em Ti, amo-Te, Senhor;
que se cumpra em mim a Tua vontade de bem.
Eis o meu sim a Ti.

ENCONTRO COM MARIA

Ó Maria, Nossa Mãe Imaculada,
no dia da Tua festa venho a Ti,
e não venho sozinho: trago comigo todos aqueles
que o Teu Filho me confiou,
nesta cidade de Roma e no mundo inteiro,
para que Tu os abençoes e salves dos perigos.
Trago-Te, Mãe, as crianças,
especialmente as que estão sozinhas, abandonadas,
e que por isso são enganadas e exploradas.
Trago-Te, Mãe, as famílias,
que mantêm a vida e a sociedade
com o seu compromisso diário e escondido;
principalmente as famílias que têm mais dificuldade
devido a tantos problemas internos e externos.
Trago-Te, Mãe, todos os trabalhadores, homens e mulheres,
e confio-Te sobretudo quem, por necessidade,
se esforça por desempenhar um trabalho indigno
e quem perdeu o trabalho ou não o consegue encontrar.
Temos necessidade do Teu olhar imaculado
para voltar a ter a capacidade de ver as pessoas e as coisas
com respeito e reconhecimento,
sem interesses egoístas nem hipocrisias.
Temos necessidade do Teu coração imaculado,
para amar de maneira gratuita,
sem segundas intenções, mas procurando o bem do
[próximo,
com simplicidade e sinceridade,

renunciando às máscaras e aparências.
Temos necessidade das Tuas mãos imaculadas,
para acariciar com ternura,
para tocar a carne de Jesus
os irmãos pobres, doentes, desprezados,
para levantar quem caiu e sustentar tantos que vacilam.
Temos necessidade dos Teus pés imaculados,
para ir ao encontro de quem não sabe dar o primeiro passo,
para caminhar pelas veredas daqueles que se perderam,
para ir encontrar as pessoas sozinhas.
Agradecemos-Te, ó Mãe, porque mostrando-Te a nós
livre de todas as manchas de pecado,
Tu nos recordas que antes de tudo há a graça de Deus,
há o amor de Jesus Cristo que entregou a vida por nós,
há o vigor do Espírito Santo, que tudo renova.
Faz com que não cedamos ao desânimo
mas, confiando no Teu auxílio constante,
nos comprometamos até o fundo para renovarmos a nós

                                           [mesmos

esta cidade e o mundo inteiro.
Intercede por nós, Santa Mãe de Deus!

PAZ NO MUNDO

Deus da paz,
traz a Tua paz ao nosso mundo violento:
paz ao coração de todos os homens e todas as mulheres
e paz entre as Nações da Terra.
Orienta para o Teu caminho de amor
os que têm o coração e a mente
consumidos pelo ódio.
Deus da compreensão,
esmagados pela enormidade
dessa tragédia,
procuramos a Tua luz e a Tua guia,
enquanto enfrentamos acontecimentos terríveis desse tipo.
Faz com que aqueles, cuja vida foi poupada,
possam viver de tal modo que as vidas perdidas aqui
não tenham sido em vão.
Conforta-nos e consola-nos,
revigora-nos na esperança
e concede-nos a sabedoria e a coragem
para trabalhar incansavelmente por um mundo
onde reinem a paz e o amor verdadeiros
entre as Nações e no coração de todos.

CHEGA DE GUERRAS!

Senhor, Deus da Paz, escuta a nossa súplica!
Tentamos tantas vezes e durante tantos anos
resolver os nossos conflitos
com as nossas forças e também com as nossas armas...
Mas os nossos esforços foram em vão.
Agora, Senhor, ajuda-nos Tu!
Dá-nos a paz, ensina-nos a paz,
guia-nos para a paz.
Abre os nossos olhos e os nossos corações
e dá-nos a coragem de dizer:
"chega de guerras"; "com a guerra, tudo fica destruído!".
Infunde em nós a coragem de realizar gestos concretos
para construir a paz.
Senhor, Deus de Abraão e dos Profetas,
Deus de Amor que nos criaste
e nos chamas a viver como irmãos,
dá-nos a força
para sermos todo dia artesãos da paz;
dá-nos a capacidade de olhar com benevolência
todos os irmãos que encontramos no nosso caminho.
Torna-nos disponíveis
para ouvir o grito dos nossos cidadãos
que nos pedem que transformemos as nossas armas
em instrumentos de paz,
os nossos medos em confiança
e as nossas tensões em perdão.
Mantém acesa em nós a chama da esperança

para efetuar, com paciente perseverança,
opções de diálogo e reconciliação,
para que vença finalmente a paz.
E que do coração de todo homem
sejam banidas estas palavras: divisão, ódio, guerra!
Senhor, desarma a língua e as mãos,
renova os corações e as mentes,
para que a palavra que encontremos
seja sempre "irmão",
e o estilo da nossa vida se torne:
shalom, paz, *salam*! Amém.

SANTA FAMÍLIA DE NAZARÉ

Jesus, Maria e José,
em Vós contemplamos
o esplendor do verdadeiro amor,
a Vós, com confiança, nos dirigimos.

Sagrada Família de Nazaré,
tornai também as nossas famílias
lugares de comunhão e cenáculos de oração,
escolas autênticas do Evangelho
e pequenas igrejas domésticas.

Sagrada Família de Nazaré,
que nunca mais se tenha, nas famílias, experiência
de violência, egoísmo e divisão:
quem ficou ferido ou escandalizado
depressa conheça consolação e cura.

Jesus, Maria e José,
escutai, atendei a nossa súplica. Amém.

PARA NOSSA SENHORA
DE FÁTIMA

Bem-Aventurada Virgem de Fátima,
com renovada gratidão
pela Tua presença materna
unimos a nossa voz à de todas as gerações
que Te dizem bem-aventurada.

Celebramos em Ti as grandes obras de Deus,
que nunca cansa de inclinar-Se com misericórdia
sobre a humanidade, atormentada pelo mal e ferida
[pelo pecado,
para a guiar e salvar.

Acolhe com benevolência de Mãe
o ato de entrega que hoje fazemos com confiança,
diante desta Tua imagem a nós tão querida.

Temos a certeza de que cada um de nós é precioso aos
[Teus olhos
e que nada Te é desconhecido
de tudo que habita os nossos corações.
Deixamo-nos alcançar pelo Teu olhar dulcíssimo
e recebemos a carícia confortadora do Teu sorriso.

Guarda a nossa vida entre os Teus braços:
abençoa e fortalece qualquer desejo de bem;
reacende e alimenta a fé;

ampara e ilumina a esperança;
suscita e anima a caridade;
guia todos nós no caminho da santidade.

Ensina-nos o Teu mesmo amor de predileção
pelos pequeninos e pelos pobres,
pelos excluídos e sofredores,
pelos pecadores e desorientados;
reúne todos sob a Tua proteção
e recomenda todos ao Teu dileto Filho, nosso Senhor Jesus.
Amém.

ORAÇÃO PELO TRABALHO

Senhor Deus, olha para nós!
Olha para esta cidade, para esta ilha.
Olha para as nossas famílias.
Senhor, a Ti não faltou trabalho;
Tu foste carpinteiro e eras feliz.
Senhor, falta-nos o trabalho.
Os ídolos querem roubar-nos a dignidade.
Os sistemas injustos desejam roubar-nos a esperança.
Senhor, não nos deixes sozinhos.
Ajuda-nos a auxiliar-nos uns aos outros;
faze-nos esquecer um pouco o egoísmo
e sentir no nosso coração o "nós",
nós povo, que deseja ir em frente.
Senhor Jesus, a Ti não faltou trabalho, concede-nos um
[trabalho,
ensina-nos a lutar pelo trabalho e abençoa-nos a todos.
Em nome do Pai e do Filho e do Espírito Santo.

LUZ DA FÉ

Ajuda, ó Mãe, a nossa fé.
Abre o nosso ouvido à Palavra,
para reconhecermos a voz de Deus
e a Sua chamada.
Desperta em nós o desejo
de seguir os Seus passos,
saindo da nossa terra
e acolhendo a Sua promessa.
Ajuda-nos a deixar-nos tocar pelo Seu amor,
para podermos tocá-Lo com a fé.
Ajuda-nos a confiar-nos plenamente Nele,
a crer no Seu amor,
sobretudo nos momentos de tribulação e cruz,
quando a nossa fé é chamada a amadurecer.
Semeia, na nossa fé, a alegria do Ressuscitado.
Recorda-nos que quem crê nunca está sozinho.
Ensina-nos a ver com os olhos de Jesus,
para que Ele seja luz no nosso caminho.
E que essa luz da fé
cresça sempre em nós
até chegar aquele dia sem ocaso
que é o próprio Cristo, vosso Filho, nosso Senhor.

MULHER QUE ESCUTA

Maria, mulher de escuta,
abre os nossos ouvidos;
faz com que saibamos ouvir a Palavra
do Teu Filho Jesus,
no meio das mil palavras deste mundo;
faz com que saibamos escutar
a realidade em que vivemos,
cada pessoa que encontramos,
especialmente quem é pobre
e necessitado, quem se encontra em dificuldade.

Maria, mulher da decisão,
ilumina a nossa mente e o nosso coração,
a fim de que saibamos obedecer à Palavra
do Teu Filho Jesus, sem hesitações;
concede-nos a coragem da decisão,
de não nos deixarmos levar
para que outros orientem a nossa vida.

Maria, Mulher da ação,
faz com que as nossas mãos e os nossos pés
se movam "apressadamente" rumo aos outros,
para levar a caridade e o amor do Teu Filho Jesus,
para levar ao mundo, como Tu,
a luz do Evangelho.
Amém.

PELA NOSSA TERRA

Deus Onipotente,
que estás presente em todo o universo
e na mais pequenina das Tuas criaturas,
Tu que envolves com a Tua ternura
tudo o que existe,
derrama em nós a força do Teu amor
para cuidarmos da vida e da beleza.
Inunda-nos de paz,
para que vivamos como irmãos e irmãs,
sem prejudicar ninguém.
Ó Deus dos pobres,
ajuda-nos a resgatar os abandonados
e esquecidos dessa terra
que valem tanto aos Teus olhos.
Cura a nossa vida,
para que protejamos o mundo
e não o depredemos,
para que semeemos beleza
e não poluição nem destruição.
Toca os corações
daqueles que buscam apenas benefícios
à custa dos pobres e da terra.
Ensina-nos a descobrir o valor de cada coisa,
a contemplar com encanto,
a reconhecer que estamos profundamente unidos
com todas as criaturas
no nosso caminho para a Tua luz infinita.

Obrigado por estar conosco todos os dias.
Sustenta-nos, por favor, na nossa luta
pela justiça, pelo amor e pela paz.

PERDÃO SEM FIM

Senhor, deixei-me enganar,
de mil maneiras fugi do Teu amor,
mas aqui estou novamente
para renovar a minha aliança Contigo.
Preciso de Ti.
Resgata-me de novo, Senhor,
aceita-me mais uma vez
nos Teus braços redentores.
Como nos faz bem voltar para Ti,
quando nos perdemos!

FECUNDIDADE

Senhor, eu desejo ser fecundo;
desejo que a minha vida gere vida,
a minha fé seja fecunda
e siga adiante
e possa dá-la aos outros.
Senhor, eu sou estéril;
eu não posso, Tu podes.
Eu não sou um deserto;
eu não posso, Tu podes.
Ó filho de Davi, ó Adonai, ó Sabedoria,
ó Raiz de Jessé, ó Emanuel,
vem dar-nos vida,
vem salvar-nos,
porque apenas Tu podes,
eu, sozinho, não posso.

SOBRIEDADE

Pai nosso,
ajude-nos a não esquecermos
que é possível necessitar de pouco e viver muito,
sobretudo quando se é capaz
de encontrar satisfação nos encontros fraternos,
no serviço, na música, na arte e na oração.

AO MENINO DE BELÉM

Ó Menino de Belém,
toca o coração de todos os que estão envolvidos
no tráfico de seres humanos,
para que se deem conta
da gravidade desse crime contra a humanidade.
Volta o Teu olhar para as inúmeras crianças
que são raptadas, feridas e mortas
nos conflitos armados
e para quantas são transformadas em soldados,
privadas da sua infância.
Senhor do céu e da terra,
olha por este nosso planeta,
que a ganância e a ambição dos homens
indiscriminadamente exploram.

A FORÇA DOS SONHOS

Senhor Jesus,
eu Te agradeço por estar aqui.
Agradeço-Te por ter me dado irmãos
que Te encontraram, que Te conhecem,
que sabem que Tu, seu Deus, és a sua fortaleza.
Jesus, peço-Te pelos rapazes e pelas moças
que não sabem que és a sua fortaleza
e que têm medo de viver,
medo de ser felizes,
têm medo de sonhar.
Jesus, ensina-nos a sonhar,
a sonhar coisas grandes, coisas belas,
coisas que, mesmo parecendo ser cotidianas,
são coisas que engrandecem o coração.
Senhor Jesus, dá-nos fortaleza,
dá-nos um coração livre, dá-nos esperança, dá-nos amor
e ensina-nos a servir. Amém.

SEJA LOUVADO

Te louvamos, Pai, com todas as Tuas criaturas,
que saíram da Tua mão poderosa.
São Tuas, e estão repletas da Tua presença
e da Tua ternura.
Louvado sejas!

Filho de Deus, Jesus,
por Ti foram criadas todas as coisas.
Foste formado no seio materno de Maria,
fizeste parte desta terra,
e contemplaste este mundo com olhos humanos.
Hoje estás vivo em cada criatura
com a Tua glória de ressuscitado.
Louvado sejas!

Espírito Santo, que, com a Tua luz,
guias este mundo para o amor do Pai
e acompanhas o gemido da criação,
Vives também nos nossos corações
a fim de nos impelir para o bem.
Louvado sejas!

Senhor Deus, Uno e Trino,
comunidade estupenda de amor infinito,
ensina-nos a contemplar-Te
na beleza do universo,
onde tudo nos fala de Ti.

Desperta o nosso louvor e a nossa gratidão
por cada ser que criaste.
Dá-nos a graça de nos sentirmos intimamente unidos
a tudo que existe.
Deus de amor, mostra-nos o nosso lugar neste mundo
como instrumentos do Teu carinho
por todos os seres desta terra,
porque nem um deles sequer é esquecido por Ti.
Ilumina os donos do poder e do dinheiro
para que não caiam no pecado da indiferença,
amem o bem comum, promovam os fracos,
e cuidem deste mundo que habitamos.
Os pobres e a terra estão bradando:
Senhor, toma-nos sob o Teu poder e a Tua luz,
para proteger cada vida,
para preparar um futuro melhor,
para que venha o Teu Reino
de justiça, paz, amor e beleza.
Louvado sejas!
Amém.

As orações
mais amadas do papa Francisco

ANIMA CHRISTI

Alma de Cristo, santifica-me.
Corpo de Cristo, salva-me.
Sangue de Cristo, inebria-me.
Água do Lado de Cristo, lava-me.
Paixão de Cristo, conforta-me.
Ó bom Jesus, escuta-me.
Dentro de Tuas feridas, esconde-me.
Não permitas que me separe de Ti.
Do inimigo maligno, defende-me.
Na hora da minha morte, chama-me.
Que eu venha louvar com os Teus santos,
Nos séculos dos séculos. Amém.

ORAÇÃO DE
SANTA FAUSTINA

Ajuda-me, ó Senhor,
a fazer com que meus olhos sejam misericordiosos,
que eu não mais nutra suspeitas
e não julgue com base na aparência externa,
mas saiba decifrar o que há de belo
na alma daquele próximo a mim e saiba ajudá-lo;
que minha audição seja misericordiosa,
que eu me incline sobre as necessidades daquele próximo

[a mim,

que minhas orelhas não sejam indiferentes às dores
e aos gemidos daquele próximo a mim;
que a minha língua seja misericordiosa
e não fale de forma desfavorecida do próximo,
mas tenha para cada um uma palavra
de conforto e de perdão;
que as minhas mãos sejam misericordiosas
e repletas de boas ações;
e que meus pés sejam misericordiosos,
de modo que eu corra sempre em auxílio ao próximo,
vencendo a minha indolência e o meu cansaço;
que meu coração seja misericordioso,
de modo que eu esteja presente
durante o sofrimento do próximo.
Amém.

SÃO MIGUEL ARCANJO

São Miguel Arcanjo, defenda-nos na luta,
seja nossa guarnição contra a maldade
e as armadilhas do diabo.
Chefe supremo dos exércitos celestiais,
faça afundar no inferno, com a força de Deus,
Satanás e os outros espíritos malignos
que vagam pelo mundo
pela perdição das almas.
Amém.

INVOCAÇÃO NATALINA DO PADRE MATTA EL MESKIN

Se para nós a experiência da infância é assim difícil,
para Ti não o é, Filho de Deus.
Se tropeçarmos na rua
que nos leva à comunhão Contigo,
segundo essa pequena estatura
Tu és capaz de destruir os obstáculos
que nos impedem de fazê-la.
Sabemos que não há paz
enquanto não formos a Tua semelhança
e essa estatura.
Permite-nos hoje, Filho de Deus,
de nos aproximarmos do Teu coração.
Não nos deixes acreditar que somos grandes
em nossas experiências.
Faze-nos, ao invés, nos tornarmos pequenos como Tu
para podermos estar perto de Ti
e receber de Ti a humildade e afabilidade em abundância.
Não nos prives de Tua revelação,
nem da epifania da Tua infância em nossos corações,
para que, assim, possamos curar
todo orgulho e toda arrogância.
Temos necessidade extrema de
que Tu reveles Tua simplicidade em nós,
aproximando-nos,
bem como a Igreja e todo o mundo, de Ti.
O mundo está cansado, exausto,

porque compete com quem é maior.
Há uma forte concorrência entre os governos,
entre as Igrejas, entre os povos,
no interior das famílias,
entre uma paróquia e outra:
quem é o maior de nós?
O mundo está repleto de feridas dolorosas
porque sua pior doença é: quem é o maior?
Mas hoje descobrimos em Ti
o nosso único medicamento, Filho de Deus.
Nós e o mundo inteiro
não encontraremos nem salvação nem paz,
se não voltarmos a Te encontrar novamente
na manjedoura de Belém.
Amém.

ORAÇÃO DO BOM HUMOR
DE THOMAS MORE

Senhor, dá-me uma boa digestão
e também o que digerir.
Dá-me a saúde do corpo
e o bom humor necessário para mantê-la.
Dá-me, Senhor, uma alma simples,
que saiba encontrar joias em tudo que é bom
e não me espante com a visão do mal,
e, sim, encontre sempre o modo
de colocar as coisas de volta em seus lugares.
Dá-me uma alma que não conheça o tédio,
os resmungos, os suspiros, as lamúrias,
e não permita que me crucifique em excesso
por aquilo que é muito pesado
que se chama "eu".
Dá-me, Senhor, o senso do bom humor.
Concede-me a graça de compreender uma piada
para descobrir na vida um pouco de alegria
e oferecê-la também aos outros. Amém.

SÃO FRANCISCO

Rezo a Ti, então, ó Senhor Jesus Cristo,
Pai das misericórdias,
para não observar nossa ingratidão,
e sim para recordar-Te sempre da abundante piedade
que mostrou a esta cidade,
para que sempre seja um local de morada
para os que verdadeiramente Te conhecem
e glorificam o Teu nome abençoado
e glorioso nos séculos dos séculos.
Amém.

MARIA QUE DESAMARRA OS NÓS

Virgem Maria,
    Mãe que jamais abandonou
um filho que grita por ajuda,
Mãe cujas mãos trabalham sem parar
para os Teus filhos tão amados,
porque são guiadas pelo amor divino,
e com a infinita misericórdia que sai do Teu coração,
derrama sobre mim
o Teu olhar repleto de compaixão,
observa os nós excessivos que sufocam a minha vida.
Tu conheces o meu desespero e a minha dor.
Sabes quanto me paralisam esses nós
e eu os ponho todos em Tuas mãos.
Ninguém, nem mesmo o demônio,
pode me remover da Tua ajuda misericordiosa.
Em Tuas mãos não há nó
que não seja desfeito.
Virgem mãe, com Tua graça
e Teu poder de intervenção
junto ao Teu filho Jesus, meu Salvador,
recebe hoje esse nó.
Para a glória de Deus peço a Ti que o desamarres
e o desamarres para sempre.
Confio em Ti.
És a única consoladora que o Pai me deu.
És a fortaleza das minhas forças enfraquecidas,

a riqueza da minha miséria,
a libertação de tudo, então,
que me impede de estar com Cristo.
Acolhe o meu pedido.
Preserva-me, guia-me, protege-me.
Sê o meu refúgio.
Maria, que desfaz os nós, reza por mim.

INVOCAÇÃO DE DOM TONINO BELLO

Meu Senhor e meu Deus!
Eu também desejo ver o Senhor ressuscitado
e ser fonte de esperança e alegria para todos.
Meu Senhor e meu Deus!

NOVENA DAS ROSAS

Santíssima Trindade, Pai, Filho e Espírito Santo, eu Vos agradeço por todos os favores e as graças com que enriquecestes a alma de Vossa serva santa Teresinha do Menino Jesus e da Sagrada Face, curadora da Igreja, em seus vinte e quatro anos passados nesta Terra.

Pelos seus méritos concedei-me a graça que eu ardentemente desejo, se for de Vossa santa vontade e pelo bem da minha alma.

Auxilia a minha fé e a minha esperança, ó santa Teresinha do Menino Jesus e da Sagrada Face.

Realiza mais uma vez a Tua promessa de convencer o Teu céu a "fazer o bem sobre a terra", permitindo que eu receba uma rosa como símbolo da graça que desejo obter.

TIPOGRAFIA Garamond
DIAGRAMAÇÃO Osmane Garcia Filho
PAPEL Pólen Soft, Suzano S.A.
IMPRESSÃO Geográfica, outubro de 2020

A marca FSC® é a garantia de que a madeira utilizada na fabricação do papel deste livro provém de florestas que foram gerenciadas de maneira ambientalmente correta, socialmente justa e economicamente viável, além de outras fontes de origem controlada.